地理学思想与方法

杜会石　编著

科学出版社

北　京

内 容 简 介

本书共 6 章，系统介绍了地理学常用的科学思维，并在此基础上，从方法论的视角，介绍综合地理学、自然地理学、人文地理学和信息地理学等学科所用的研究方法。本书将地理科学思维与研究方法论进行整合，为地理人才核心素养体系构建提供有效载体。

本书可供地理学研究人员以及高等院校相关专业教师、研究生和高年级本科生阅读，也可供相关学科关心哲学和方法论的学者参考。

图书在版编目（CIP）数据

地理学思想与方法 / 杜会石编著. —北京：科学出版社，2025.3

ISBN 978-7-03-072126-6

Ⅰ. ①地… Ⅱ. ①杜… Ⅲ. ①地理学－研究方法 Ⅳ. ①K90-3

中国版本图书馆 CIP 数据核字（2022）第 070139 号

责任编辑：孟莹莹　常友丽 / 责任校对：何艳萍

责任印制：赵　博 / 封面设计：无极书装

科学出版社 出版

北京东黄城根北街 16 号

邮政编码：100717

http://www.sciencep.com

北京华宇信诺印刷有限公司印刷

科学出版社发行　各地新华书店经销

*

2025 年 3 月第　一　版　开本：720×1000　1/16

2025 年 9 月第二次印刷　印张：7 1/2

字数：151 000

定价：49.00 元

（如有印装质量问题，我社负责调换）

前　言

科学思维和研究方法是一切创新活动的基础。地理学长期关注人类与环境之间的相互关系，以及地球表层重要特征及其空间结构变化，地理学科学思维与研究方法对认识和解决当下人类面临的重大问题具有重要意义。地理学不仅具有一般的科学思维与研究方法，还具有其自身独特性，其独特之处在于融合了自然科学和社会科学的交叉学科的观点，它综合多个因素来考虑问题。

本书系统梳理了地理学科学思维与地理学各学科的研究方法，并将二者有机结合。首先，介绍地理学总论，主要包括地理学定义、学科体系以及社会功能；其次，介绍地理学的科学思维，包括形象思维与直觉思维，比较思维、类比思维与隐喻思维，溯因思维与数理思维，辩证思维与系统思维，理论构建思维、理论检验思维与理论评价思维，空间分析思维与人地关系系统思维；最后，介绍地理学研究方法，主要包括综合地理学、自然地理学、人文地理学和信息地理学等学科常用的研究方法。在介绍地理学研究方法时，本书按照地理学通用方法与范式、地理学各学科（如综合地理学、自然地理学、人文地理学、信息地理学）的组织结构体系展开，显现先综合后分解的逻辑思路。

目前，已出版的图书多是针对地理科学思维或地理学方法论的单独论著，而本书则将地理学常用的科学思维与研究方法进行整合，揭示二者的辩证统一关系，弥补了相关著作的不足。

感谢于喆同志在书稿格式与文字整理中给予的帮助。

由于作者水平有限，书中不足之处在所难免，敬请读者批评指正。

杜会石

2024 年 5 月

目　录

第 1 章 地理学概述

1.1 地理学的定义

“地理学”（geography）一词是古希腊学者埃拉托色尼所创，为地球的描述之意。15 世纪以前的古典地理学以地球或大地描述为主，辅以思辨性解释，这一时期的地理学可简单地定义为“描述地球的学问”。对于从地理大发现到第二次世界大战的近代地理学，学科之内和学科之外对地理学的定义已经很多，但不外乎是研究地理现象“空间分布”“区域差异”“人地关系”“景观研究”的学科（王铮等, 2015）。从 20 世纪 30 年代开始，地理学不断发展完善，现已实现了从传统文字描述、日常知识到地理科学的转变，即地理学是研究地球表层自然要素与人文要素相互作用及其形成演化的特征、结构、格局、过程、地域分异与人地关系等，是一门复杂学科体系的总称。

1.2 地理学的学科体系

《中国地球科学 2035 发展战略》指出，地理学学科体系包含综合地理学、自然地理学、人文地理学和信息地理学（图 1-1）。

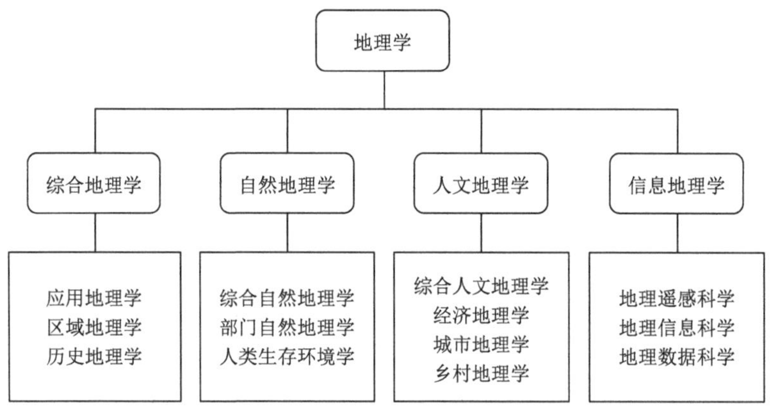

图 1-1 地理学的学科体系

综合地理学为地理学的整体发展提供系统的方法体系和理论支点。其中，应用地理学以地理科学的方法和理论为指引，解决各类与自然和人类社会经济发展息息相关的实际问题（伍光和等，2004）。区域地理学以区域地理考察为基础，服务各种地理区划和区域规划，新时期区域地理学聚焦不同空间尺度的可持续发展需求，面对不断变化的发展观和人类文明，适应全球发展新格局和中国发展新阶段。历史地理学则以地理环境随时间的变异为核心，利用中国悠久且丰富的文献记载资料，在时空交织的体系下研究历史时期的人地关系及其地域分异（全林，2002）。

自然地理学是地理学的基础学科，传统的自然地理学可以划分为综合自然地理学和部门自然地理学。其中，综合自然地理学研究景观、土地等自然地理综合体；部门自然地理学开展以单一自然地理要素为主的研究，如气候、地貌、植被等（Zaragocin et al.，2021；伍光和等，2000）。而人类生存环境学针对过去人与环境的相互作用，主要开展史前人群扩散、社会发展和文明演化的人类生存环境研究，属于自然地理学与考古学、人类学等交叉的新领域。

人文地理学以人地关系为研究核心，以人类活动的地域空间分布规律为研究对象，形成了综合人文地理学、经济地理学、城市地理学、乡村地理学等主要分支（赵荣等，2006）。其中，综合人文地理学以“人地关系系统耦合过程”和“可持续地理格局”为主题，以人类活动空间过程和格局集成研究为主要任务；经济地理学以产业经济活动为主要研究对象，结合地理学的综合观和时空分异，阐释区域发展规律；城市地理学和乡村地理学以人口和生活空间为主要研究对象，为中国城镇体系规划编制和发展做贡献（王恩涌等，2000）。

信息地理学主要包括地理遥感科学、地理信息科学和地理数据科学（Popper，2020；邬伦等，2001）。其中，地理遥感科学是遥感和地理科学的深度融合，以地理要素遥感辐射传输建模和定量遥感反演理论为基础，并在地理学的应用领域形成了植被遥感、水文遥感、冰冻圈遥感等应用分支；地理信息科学利用信息技术，构建地理空间认知、表达、分析、模拟、预测、优化方法，探索自然地理空间、人文社会空间在地理信息空间中的表达与耦合方式，致力研究解决地理信息系统（geographical information system，GIS）实现和应用中的基础科学问题（孙中伟等，2011）；地理数据科学通过借助快速发展的大数据、人工智能等新兴技术，发展地球大数据挖掘与分析、地学智能计算方法，实现观测、数据与模型的大融合，促进地理数据-信息-知识-决策的贯通。

1.3　地理学的社会功能

中国正处在经济社会发展全面绿色转型时期，人与自然、城乡、区域、经济增长、社会公平等方面的矛盾亟须从地理学视角上来认识和解决。

（1）地理学在高新技术产业发展中的功能

我国高新技术产业目前仍处于全球高新技术产业链的下游阶段，核心技术和关键部件的研发主要掌握在发达国家手中，信息技术领域的“数字鸿沟”也在不断扩大（蒋殿春，2025）。因此，提高我国高新技术产业竞争力从而提高国家整体竞争力迫在眉睫。而信息地理学在提升产业技术水平中将起重要作用。经济地理学从全球化和信息技术革命背景下研究高新技术的产业集聚，以及学习型和创新型区域的形成和发展，对研究未来中国高新技术产业的发展战略和地区布局决策具有重要作用（Meng et al.，2020；孙宁伟等，2014）。

（2）地理学在农业与农村发展中的功能

中国农业正朝绿色、安全、标准化和高效方向转变，相关的技术需求包括：农业信息化、绿色农业、安全农业、标准化技术、农产品加工技术，以及名、特、稀、优等传统农产品的技术创新。农业生产受自然、技术、经济条件的综合影响和制约，具有强烈的地域性。农业地理学研究农业生产的地域分异规律、地域差异特征及其表现形式、形成条件和发展变化规律，有利于在农业生产中贯彻因地制宜原则，可对未来中国不同区域的农业转型和升级做出贡献。

（3）地理学在促进人口健康中的功能

食品安全、公共卫生、重大疾病防治和老龄化趋势已成为中国社会发展中非常突出的问题。这就需要建立和加强相应的预警体系和公共卫生体系，加强医学和医疗卫生技术研究，同时开发食品加工新工艺和新的检测控制技术，关注老龄化社会对科学技术的需求以及中医药现代化问题（李小建等，2006）。医疗与健康地理学研究人群疾病和健康状况的地理分布、变化规律，疾病的发生、流行和健康状况变化与地理环境的关系，医疗保健机构和设施的地域配置与区域发展，医疗地理信息系统与疾病监测、预警等；人口地理学研究人口数量与质量、人口增长与人口构成的时空差异及其与地理学环境的相互关系等。

（4）地理学在资源综合利用和社会可持续发展中的功能

地理学研究自然资源数量和质量的地域组合特征、空间结构与分布规律，研究自然资源的合理分配、可持续利用、维持保育，评估资源最大承载力、潜力和潜能，寻求新资源、能源，预测和预报未来趋势，不仅关注自然资源在经济发展中的作用和开发利用规划，也关注自然资源对生态服务、社会公平等方面的功能（Long et al.，2020；于坤霞等，2019）。地理学也研究一些重要的社会问题，包括劳动力、性别、社区、种族、工会等问题，这些研究为资源综合利用和社会可持续发展决策提供科学依据。

第2章 地理学科学思维

2.1 形象思维与直觉思维

2.1.1 形象思维

形象思维，也称为空间意象思维，是指研究者通过对感官所获得的形象信息进行想象、联想、整合，借以图像、音调和动作等形象符号创造出富有代表性的新事物、新形象的一种信息加工方式（刘冠军等，2000）。它是一种介于感性认识和理性认识之间的认知方式，具有形象化的特征。例如，科学家在一定科学研究任务的推动作用下，在对已有形象信息进行感受、储存的基础上，通过创造性的形象思维方式，做出科学理论的发现与科学技术的创新。

形象思维具有如下特点。

（1）直观性

形象思维依赖于直观的图像和模型，使得复杂的地理信息和概念变得容易理解和记忆。地理学形象思维的直观性体现在能够通过地图、图表、模型等直观工具，直接展示地理空间的分布、形态和特征。这种直观性有助于快速把握地理现象的概貌，比如通过地形图可以直观地理解山脉的起伏和河流的走向。

（2）创造性

在形象思维的过程中，研究者往往需要进行创造性的想象和联想，这有助于产生新的洞见和解决方案。创造性是地理学发展的重要驱动力。地理学者通过形象化的方式，如地理信息系统中的虚拟仿真，可以探索新的研究假设和解决方案，推动地理学理论的发展。

（3）情感性

形象思维与情感紧密相关，是理解和解释地理现象的一个重要维度。通过关注和利用情感体验、情感共鸣、情感记忆、情感价值、情感表达、情感影响、情感交流和情感教育等，地理学形象思维可以更全面、深入地理解和解释地理环境，同时也为地理学研究和教育提供了一种富有人文关怀和情感温度的视角。

（4）跨文化性

在地理学研究和学习中，跨文化性是指对不同文化背景下的地理现象和空间关系的理解、分析和解释能力。这种思维能力使地理学家能够跨越文化界限，理解和尊重不同文化对地理环境的感知、利用和表达方式。

（5）非现实性

形象思维所构建的模型或图像可能并不完全符合现实，而是研究者基于地理知识、经验和解决问题的技能所构建的心智模型。它使得地理学家能够超越直接的感官经验，构建出有助于理解复杂地理规律和过程的概念和模型。这种非现实性是地理学创造性和理论发展的重要源泉。

（6）非言语性

形象思维不依赖于语言，它可以通过非言语的方式，如手势、表情、图像等来传达信息。非言语性特点强调了直观、跨文化、情感体验、创造性、空间认知、实践行动、多感官参与，这些特点使得地理学能够以一种独特的、富有表现力的方式理解和解释地理现象。

形象思维的方法就是思维主体在明确认知目标的前提下，通过对形象信息的感受、储存，运用分析、综合、比较、抽象和概括等方法加工出一系列反映事物典型特征或本质属性的图像。继而以这些图像为基本单位，通过具体的形象信息加工方式，借以形象的符号，揭示生活及事物的存在状态，并探求其内在本质和发展规律。具体包括以下内容。

（1）地理区域分析

地理区域是地理学研究的基本单位，形象思维在地理区域分析中的应用，涉及对地理区域的直观识别和理解。研究者通过构建地理区域的心智模型，来分析区域内部的地理过程和特征。这种方法强调区域内部各自然及人文要素间和区域间相互联系的规律，以及区域发展的自然条件和社会经济背景特征及其对区域社会经济发展的影响。

（2）综合体分析

综合体是指由若干个相互作用的成分组成的地理实体。综合体分析是地理学形象思维方法中的一种重要方法，它通过综合考虑多种地理要素和现象，揭示了地理环境的复杂性和动态性，有助于研究者识别和理解这些组成成分之间的相互作用和联系。

（3）地理景观分析

地理景观是指在一定区域内，由自然地理要素（如地貌、气候、水文、植被等）和人文地理要素（如聚落、土地利用、经济活动等）相互作用、共同作用形成的综合性地理单元。形象思维在地理景观分析中使研究者能够直观地理解和描述地理现象的空间组合和变化。这种方法将地理空间要素之间的相互关系与地理属性（包括物理属性、人文属性）的操作结合起来，定量地研究地理景观这个动态体系内部的物质和能量的转换。

（4）区域地理系统分析

区域地理系统是地理学研究中的一个重要概念，它强调地理现象之间的系统性联系（朱鹤健，2018）。形象思维在区域地理系统分析中帮助研究者构建地理系统的直观模型，分析系统的结构和功能。这种方法体现了地理学的定性与定量相结合的思维模式，是现代地理学研究地球表层的范式。

（5）空间意象思维

空间意象思维是一种具有自学习能力、空间形象感的地理形象化思维模式。它提供了一种地理信息的组织方式，同时为地理信息、知识提供了一种形象化的表达模式。空间意象思维大量运用了联想、启发、类比与推理等思维方法，具有非现实性和形象化的特征。

（6）地理数据的可视化

形象思维使得地理学家能够将复杂的地理数据通过图表、地图和三维模型等形式直观地展现出来。这种可视化不仅帮助研究者更好地理解数据，还能将研究成果以更易懂的方式传达给公众。

（7）空间模式的识别

通过形象思维，地理学家可以识别地理现象在空间上的分布模式，如城市扩张的模式、气候类型的分布、自然资源的地理分布等。这种模式的识别有助于理解地理现象背后的机制。

（8）地理过程的模拟

形象思维允许地理学家通过构建物理模型或计算机模型来模拟地理过程，如气候变化对生态系统的影响、城市化进程中的土地利用变化等。这些模拟有助于预测未来的变化趋势。

2.1.2　直觉思维

直觉思维，也称为直观思维，是指人们在面对地理问题时，不依赖于形式逻辑和显性知识，而是通过直观感知、预感或内省等方式直接获得问题解决方案的思维过程。它是一种非线性、非逻辑序列的认知活动，通常涉及模式识别、空间想象和创造性联想（刘冠军等，2000）。

直觉思维的思维主体不受固定逻辑规则的约束，能直接洞察思维对象的特性并迅速做出综合判断。直觉思维具有如下特点。

（1）直接性

直觉思维的直接性是指思维主体依据直接经验或相关理论，直接认识思维对象的现象并把握思维对象的本质特征。直接经验或相关理论是直觉思维的基础。它产生的机制是：直接经验—直觉。也就是说，从直接经验到直觉思维的产生是直接的，它既不需要固定的推演模式，也不需要严密的逻辑分析，就像以自动化的方式直接进行，径直指向最后的结论。

（2）快速性

直觉思维能够迅速对地理信息进行处理，快速得出结论，而不需要经过缓慢的逻辑推理过程。这种思维模式不依赖于缓慢的逻辑推理或数据分析，而依赖于研究者的专业知识、经验积累和对地理环境的敏感性。

（3）非自觉性

直觉思维的非自觉性是思维主体在偶然情况下非自觉地将获得的新信息与潜意识中的有关问题信息构建新联系。人们的思维活动有时是自觉进行的，有时是非自觉进行的。所谓自觉性思维活动，是指人们根据已有的事实材料，按照一定的目的，通过归纳、演绎等逻辑方法一步步推导以得到新的认识的思维活动；而非自觉性思维活动则恰恰相反，通常是人们在一种偶然的情况下，如睡觉前、散步中或洗澡时，某种特殊的新信息与潜意识中的有关信息相互碰撞、相互作用并突然耦合，获得了经验事实中无法得到的新联系，这就是直觉思维的产物。

（4）潜在性

直觉思维是一种潜意识的思维活动，而不是人们意识到的、自觉的思维活动。也就是说，直觉是在主体还没有意识到自己思维过程的情况下，就已经走向了结论。人们往往只是在直觉产生后知道其结果，但不知道直觉是怎样在自己的头脑中进行的，不知道为什么会产生这样的直觉。

（5）猜测性

直觉思维的猜测性体现为思维主体运用直觉思维所获得的结论具有或然性与推测性。直觉思维不像逻辑演绎思维那样，只要思维的根据真实，思维形式正确，思维的结果就必然真实。运用直觉思维做出的判断并非都是正确的，而是具有猜测性、试探性。直觉思维所获得的结论具有一定的或然性，它虽然能够揭示事物的本质和规律，但这在很大程度上仍然带有假设的性质，其正确性尚待进一步证实。

（6）创造性

直觉思维在地理学中的应用常常能够使人们产生新的洞见和创意，有助于解决复杂的地理问题，突破传统思维定式，提出创新性的理论和假设。这种思维模式在地理学中的应用尤为重要，因为它涉及对地理空间和现象的深入理解以及对地理问题的创新性解决。

（7）经验性

直觉思维往往基于个体的经验和知识背景，因此不同的地理学家可能会有不同的直觉反应。地理学直觉思维的经验性基于地理学家的实践经验和专业知识。长期的野外工作、案例研究和文献阅读使地理学家积累了大量的经验，这些经验在面对新问题时能够迅速转化为直觉判断。

（8）模糊性

地理学直觉思维的模糊性指其思维结果往往不是非常精确和明确，而是带有主观性和不确定性。这种模糊性是由于直觉思维过程中缺乏严格的逻辑验证和实证支持，因此其结论可能需要进一步的验证和完善。

直觉方法是指人们直接快速地洞察和把握事物本质的方法，它是直觉思维中的一种主要方法（张敏，2004）。按照不同的标准，直觉方法可以进行不同的分类，如果按照获得直觉所依赖的基础以及直觉内容，我们可以将直觉方法分为经验直觉方法和理论直觉方法。

（1）经验直觉方法

所谓经验直觉方法是指人们借助以往的经验信息，对事物做出直接快速的觉察和判断的方法。

（2）理论直觉方法

所谓理论直觉方法是指人们基于一定的理论素养和背景知识，通过潜意识的思维直接洞察和把握事物本质的方法。这种直觉可以说是理性与理性的交融，是逻辑思维之间的非逻辑的思维跳跃、浓缩和简化，只能发生在人们比较熟悉的领域中，是理论认识达到一定深刻程度的产物（张敏，2004）。

2.2 比较思维、类比思维与隐喻思维

2.2.1 比较思维

比较思维是通过对两种或多种地理现象或特征进行对比分析，以识别它们的相似性、差异性、相互关系及其背后的原因和规律的一种思维。在地理学中，比较思维可以帮助研究者理解不同地区的自然环境和人文活动之间的联系和差异，从而揭示地理现象的普遍性和特殊性（马清江，2002）。

比较思维具有如下特点。

（1）系统性

比较思维要求研究者从系统的角度出发，全面考虑地理现象的各个方面和层次，不仅关注单个要素，而且考察多个要素之间的相互作用和联系，以确保比较的全面性和深入性。这种系统性的思考方式有助于揭示地理现象的复杂性和动态性，使地理学家能够提出更为深入的见解，为地理学的研究和应用提供坚实的科学基础。

（2）动态性

地理现象是不断发展变化的，比较思维需要捕捉这些变化，通过比较不同时间段的地理数据，分析不同时间尺度上的地理现象，可以揭示地理现象的演变过程和趋势。通过动态比较，地理学研究能够揭示地理现象的演变规律，反映出地理系统对自然环境变化和人类活动的响应，从而在地理学研究中形成了一种强调时间维度和变化过程的重要思维方式。

（3）批判性

比较思维鼓励研究者批判性地分析和评估现有的知识和理论，通过比较发现

新的视角和理解，挑战现有的知识和假设。批判性比较思维要求地理学家保持开放的心态，对地理数据和现象进行深入分析，识别和解决地理问题时不仅要关注表面的相似性和差异性，还要挖掘背后的原因和潜在的假设。

（4）创新性

地理学的比较思维鼓励创新性的思考，通过比较不同地理区域或现象的独特性，激发人们对新概念、新理论和新方法的探索。创新性比较思维不仅涉及对已知地理知识的重新组合，而且促进了对地理空间和现象之间潜在联系的发现，这些联系可能在传统研究中未被充分认识，比较思维可以激发新的假设和理论，推动地理学的发展。

（5）跨尺度性

比较思维的跨尺度性指地理学家在比较时会考虑不同空间尺度的影响。从小尺度的局部区域到大尺度的全球环境，不同尺度的地理现象可能存在不同的规律和特征，跨尺度性比较思维有助于揭示这些尺度差异。

比较思维是确定研究对象之间共同点和不同点的一种逻辑方法。它可以在异类对象之间进行，也可以在同类对象之间进行，还可以在同一对象的不同方面、不同部分之间进行（马清江，2002）。比较思维的基本方法如下。

（1）相同点比较法

相同点比较法是指通过比较两个或两个以上对象的相同点而认识这些对象的思维方法。这种比较方法使我们认识到，表面相异的对象之间有其共同性，即异中有同。

（2）相异点比较法

相异点比较法是指通过比较两个或两个以上对象的相异点而认识这些对象的思维方法。这种比较方法使我们认识到，表面上相似的对象之间有其差异点，即同中有异。

（3）同异综合比较法

同异综合比较法是指通过比较两个或两个以上的对象，而认识其间的相同点与相异点的思维方法。

客观世界是对立统一又普遍联系的，大自然和社会生活中诸多相反、相对事物和现象的存在为比较思维的形成提供了前提和基础。人们在认识事物和思考问题时，如果把当前事物或现象和与之相反、相异的事物或现象相比较，就会产生更理想的效果和得出更科学的结论。

2.2.2 类比思维

类比是以比较为基础的，通过对两个对象或两类对象进行比较，找出它们的相同点和相似点，在此基础上把一个或一类对象的已知属性，推演到另一个或另一类对象中去，对后者得出一个新认识（马清江，2002）。在地理学中，类比思维可以帮助研究者通过比较不同地理区域或现象的相似特征，来推断它们可能共享的其他属性或行为。类比思维在地理学中的应用，促进了人们对地理现象更广泛和深入的理解，尤其是在探索新理论或模型时，它提供了一种创新和发现的途径。

类比思维具有如下特点。

（1）相似性识别

类比思维首先涉及识别不同地理现象之间的相似性。这种相似性可能基于地理形态、过程、功能或演化历史。通过这种识别，地理学家可以将一个地区的地理特征与另一个地区的相似特征联系起来，以推测未知现象的可能表现。

（2）知识迁移

类比思维涉及将一个领域的知识迁移到另一个领域，以探索新的解释或解决方案。知识迁移不仅涉及地理学内部不同子学科之间的交叉应用，也包括将其他学科的理论和方法引入地理学研究。地理学中的类比思维通过知识迁移，使得地理学家能够超越单一地区的局限，将地理知识和理论应用到更广泛的地理环境和问题中。

（3）创新性

通过类比，研究者可以产生新的假设和理论，推动地理学的创新和发展。类比思维激发了新的研究思路，促进了新理论的形成和方法论的创新。地理学中的类比思维在不同地理现象之间建立联系，不仅促进了新理论的形成和新方法的发展，而且在地理教育和实际应用中也展现了其创新性，为地理学的发展注入了活力。

（4）启发性

类比思维可以启发研究者从不同的角度看待问题，发现以前未被注意到的联系和模式。这种思维方式鼓励地理学家超越传统的研究边界，探索创新的方法和理论。启发性体现在类比思维能够帮助地理学家在面对复杂或不确定的地理问题时，从其他领域或相似的地理环境中寻找灵感。它是一种强大的认知工具，能够帮助地理学家和学生发现地理现象的新意义，激发对地理学的热情和好奇心。

（5）局限性

类比思维也有其局限性，虽然类比思维在地理学中是一种有用的工具，但地理学家在使用时需要谨慎，确保比较的合理性，并结合其他研究方法来补充和验证类比思维的结果。通过这种方式，可以最大限度地发挥类比思维的优势，同时避免其潜在的局限性。因此，通过类比得出的结论需要进一步的验证。

类比思维方法亦称为类比推理方法或类推方法。类比推理就是根据两个（或两类）对象在某些属性上相同或相似，从而推出它们在其他属性上也相同或相似的推理（张巨青，1988）。类比推理的基本方法，如果按类比物属性的有无，可分为肯定类比、否定类比与中性类比，如果按类比物属性的特征，可分为性质类比、功能类比与关系类比。

（1）肯定类比、否定类比、中性类比

肯定类比是根据两个或两类对象存在若干相同或相似属性，又知其中一个或一类对象还有某种属性，从而推出另一个或另一类对象也具有该属性。否定类比是根据两个或两类对象存在某些相异的属性，又知其中一个或一类对象还有某种属性，从而推出另一个或另一类对象不具有该属性。人们通常把肯定类比与否定类比的结合称为中性类比。它根据两个（或两类）对象在某些属性上相同或相似而在另外一些属性上相异，又知其中一个或一类对象还有某种属性，再平衡这些共同点和差异点，从而推出另一个或另一类对象也具有（或不具有）该属性。

（2）性质类比、功能类比、关系类比

性质类比也叫质料类比，它是指作为类比物的系统与应予解释的系统在性质上是相似的类比。功能类比一般是指依据两类不同的事物在结构上的类似推出其功能上的类似的类比方法，因此有时又称为结构-功能类比或模型类比。功能类比所涉及的两类对象，可以是自然界的两个物质系统，也可以是自然界的某个物质系统与人工创造的某个物质系统，还可以是科学上的两个理论系统。由于事物或过程的结构和功能之间存在着联系，不同事物或过程在结构上的相似性很可能带来功能上的相似性。关系类比也称为形式类比，是指根据作为类比物的系统与应予解释的系统在因果关系或协变关系上的相似而作的类比（张巨青，1988）。

2.2.3 隐喻思维

隐喻思维是隐喻形成和理解过程中的信息加工活动方式。在科学认识活动中，它对科学概念及范畴的重构（再概念化）、新的理论术语的引入乃至整套科学理论的构建和发展都发挥着重要的、不可替代的作用（蔡运龙，2011）。在地理学中，隐喻思维可以帮助研究者通过类比和联想，用熟悉的地理现象或特征来理解和解释不熟悉的地理概念或过程。隐喻思维涉及源域与目标域之间的映射，它通过创造性和发散性的思维找出两种事物的相似性，使其形成关联。地理学隐喻思维的关键在于，它提供了一种将地理学的空间分析思维扩展到其他学科和领域的能力，从而促进跨学科的理解和创新。

人类在认知世界的过程中，对某些事物由于缺乏清晰的类别概念和抽象的概念语言，只能用已知事物的具体意象来表达新事物、新经验，两类事物间的联系是通过类比和联想来发现它们之间的某种相似性建立起来的，不同的事物、经验和现象能够凭借偶然的契机相互联系。隐喻思维的特点如下。

（1）发散性、创造性

隐喻思维必须具备发散性、创造性的特点，找出两种事物的相似性，使其形成关联。隐喻思维能够超越传统的思维模式，通过非直接的、创新的方式连接不同概念。这种思维模式鼓励我们从不同角度审视问题，从而促进创新和发现新的可能性。

（2）生动形象性

隐喻思维通过类比的方式以已知事物或现象的特征来说明未知现象的特征，通常比较形象生动。例如，将“数据流”比作“海洋”可以帮助人们直观理解大数据的浩瀚和深邃。

（3）以相似性为基础

隐喻思维中最重要的就是要找到两种事物的相似性，否则隐喻思维无从谈起。通过识别这些相似性，我们可以将一个领域的知识应用到另一个领域，从而扩展我们的理解。

（4）意向性、主体性

隐喻思维是一种创造性的思维，那么这种思维就应具有主体性，附有说话者的主观色彩。隐喻的使用反映了说话者的目的、态度和价值观，因此不同的人对同一隐喻可能有不同的解读和感受。

（5）文化依赖性

隐喻思维具有文化依赖性，不同文化的人可能从同一隐喻中得出不同的甚至是完全相反的含义，不同的文化有不同的隐喻表达方式，这些方式反映了该文化的信仰、习俗和历史（张巨青，1988）。

从隐喻思维的基本过程来看，隐喻是通过类比而进行的相似性替换过程（王洪刚等，2003）。尽管类比所依据的是两个对象之间多个方面的相似，隐喻思维过程往往侧重一个方面的相似，但在许多情况下，隐喻思维的形成可以通过类比进行相似性替换，或通过类比由已知事物来理解未知事物。在科学思维中，有些类比思维常常渗透着隐喻。有些类比借助隐喻将来源域的特征描绘成对象域的特征，通过这种隐喻性的描述，进行类比时就会发现对象的新特征，发明新的概念。隐喻思维的具体方法如下。

（1）主动隐喻法和被动隐喻法

按照主体在隐喻思维使用过程中的方式，可以将隐喻思维方法分为主动隐喻法和被动隐喻法。在人们使用隐喻思维的过程中，从被动使用隐喻思维到主动使用隐喻思维是人类思维发展的结果，是思维能力提高的表现。被动隐喻法是指人类在认识事物时，由于思维能力的限制，或者出于语言中缺乏现成的词语或表达方式，而不得不用另一种事物来谈论某一事物。

（2）存在性隐喻法和可能性隐喻法

隐喻是以思维对象的相似性为基础的，而隐喻中的相似性既有客观存在的相似性，也有主观创造的相似性。根据隐喻概念中相似性的存在状态可以将隐喻思维方法分为存在性隐喻法和可能性隐喻法。存在性隐喻法是指通过比较引起意义的溢出和延展的隐喻方法，它是在科学应用中“基于相似性的隐喻”的一种隐喻方法。可能性隐喻法是通过相似联想而创造出一种新的意义，它是在科学应用中“创造相似性的隐喻”的一种隐喻方法。可能性隐喻法比存在性隐喻法具有更强的表征功能。在操作过程中，它比存在性隐喻法上升了一个层次。

2.3 溯因思维与数理思维

2.3.1 溯因思维

溯因思维，也称为溯因推理，是一种逻辑推理方法，它通过分析事件的原因和结果之间的关系，来推断出事件的根本原因。这种思维模式要求地理学者不仅要观察和记录空间分布的特征，还要深入探究形成这些特征背后的动力机制。溯因思维强调对地理现象的因果关系进行假设和验证，以构建对地理过程的深刻理解（何名申，2000）。它要求学者运用创造性和批判性思维，通过分析、比较和实验，揭示地理现象的内在联系和演变规律。

溯因思维是一种根据某现象的特征推测该现象产生原因的信息加工方式。它具有推测的特征，因而具有多元试错性以及推论的或然性，溯因思维具有如下特点。

（1）创造性

溯因思维需要研究者提出创新的假设来解释观察到的地理现象。能够提出新的假设来解释观察到的现象，这往往需要强烈的直觉和广博的知识基础。这是一种产生新观念的思维方式。

（2）试探性

溯因思维中的假设通常具有或然性，这意味着它们是基于当前最佳的知识提出的，但仍需要进一步的实证检验。在地理学中，这可能涉及对地理现象的初步解释，如地形的形成、河流的流向或城市扩张的模式。这些假设通常是基于观察到的数据和现有的理论，但它们必须通过实地考察、统计分析或模拟实验等方式进行验证。

（3）相似性

溯因思维的认知基础是相似性，即通过发现观察到的现象与已有知识之间的相似性来形成假设。在地理学中，这种相似性可能体现在不同地区的地理过程、模式或结构中。例如，研究者可能会注意到不同地区的河流侵蚀模式相似，从而提出一个关于河流侵蚀过程的通用假设。这种相似性可以帮助研究者构建跨区域的地理模型和理论。

（4）适应性

溯因思维体现了认知的适应性表征，即从已知数据或事实推出能够解释那些数据或事实的假设。在地理学研究中，这意味着研究者需要不断地调整和完善他们的假设，以适应新的数据和发现。例如，随着遥感技术的发展，地理学家可以获得更详细的地表覆盖和土地利用变化数据，这可能需要对现有的土地变化模型进行修正。

（5）动态性

溯因思维是一个动态的过程，随着新证据的出现，假设可能被修正或证伪。在地理学中，这意味着研究者需要对地理现象进行持续的观察和分析，以确保他们的理论和模型能够反映最新的科学发现。

溯因思维是地理学研究中不可或缺的一种分析工具，它帮助我们从表象深入本质，理解地理世界的复杂性。溯因思维的主要方法如下。

（1）溯因解释法

溯因解释法是对已知现象的机理（或原因）做出回溯推测的思维方法。运用溯因解释法寻找解释性理论，应注意运用其他科学方法分析论证，并在实践中反复观察和验证。

（2）并案溯因法

并案溯因法是指根据若干现象或事实在许多方面具有相同或相似的特征，去推测这些现象或事实是由同一原因所致的溯因思维方法。

（3）事件过程溯因法

事件过程溯因法是指根据若干事件现象，推测事件现象产生的原因及其内在联系的溯因思维方法。这种溯因法所探讨的不是隐藏在现象深处的机理，而是事件过程的内在联系。客观世界中任何一个事件的产生，必由其他事件引起，若干有关事件之间也有一定的联系。人们可根据丰富的经验知识和科学原理，合理地追溯事件产生的过程。

（4）多元溯因法

多元溯因法是一种根据已观察现象的特征，从多个角度追溯可解释该现象的可能原因的推理方法。事物现象间的因果联系是很复杂的，某一现象可能由多种不同的现象分别引起，也可能由相互联系的多种不同的现象引起。因此，人们追溯某一现象的原因时，可从不同角度推测出不同的原因。

（5）多级溯因法

多级溯因法是一种逐层探索事物现象原因的溯因思维方法，它是一种连续的溯因模式。逐级探索事物现象机理的思维方法体现了科学探索活动永无止境的特征。被人们探索的客观世界是永恒发展的，在其发展过程中所形成的因果联系既有阶段性，也有多层次性。人们对客观事物本质或规律性的认识也表现出相应的阶段性、多层次性。同时，人们对事物本质的认识因受种种条件的制约而呈现出不断深化的发展过程。

2.3.2　数理思维

数理思维方法是以数学方法为基础、以演绎推理为工具的逻辑理性思维方法，它包括数学思维方法和数理逻辑思维方法。前者侧重于对思维对象的数学描述、数学建模及数学运算，后者侧重于人类思维中采用系统的符号语言和数学方法进行逻辑推理与逻辑证明。在地理学中，数理思维方法尤为重要，因为地理现象往往具有复杂的空间结构和动态变化，数学建模能够将这些现象抽象为可计算的模型，从而揭示其内在规律。数理思维方法实质上是一种以逻辑为基础的演绎思维方法（蔡运龙，2011）。在数理思维方法中，形式化演算、逻辑推导和严密规范是非常突出的特征。无论是数学思维方法还是数理逻辑思维方法，都是采用人工语言即符号语言系统，对思维内容进行形式化抽象，并在此基础上建立形式化运算规则与方法，运用这些规则与方法进行推演以求得结果。例如，地理学家常使用微分方程来模拟生态系统的演变，或通过地理信息系统对地形、气候等数据进行空间分析和预测。在这种形式化推演中，逻辑推导是主要的思维工具与思维手段，即严格依据给定的思维信息（如对象的数量关系、时空形式或其他命题关系）和推导规则，经过若干步骤的推演，最终得出有关的推断或结论。正是这种内容符号化、过程形式化、方法规则化，使得数理思维方法十分严密规范。思维内容符号化克服了语言信息的歧义性，思维过程形式化使思维结构更严谨更系统，思维方法规则化避免了信息加工的随意性（辛晓晖，1998）。

数学的研究对象与研究方法决定了数理思维方法具有如下特点。

（1）高度的抽象性

任何一种思维方法都具有一定程度的抽象性，否则就不是思维方法了。数学思维方法同其他思维方法相比较显得“高度”抽象。在地理学中，这种高度抽象性表现得尤为突出。地理学家在研究地球表面的空间现象时，常常需要将复杂的地理数据抽象为数学模型。比如，为了分析城市扩张的趋势，地理学家可能会使用数学方程抽象表示人口密度、土地使用和交通网络之间的关系，从而预测城市的未来发展。这种抽象不仅揭示了城市生长的潜在规律，还为城市规划提供了科学依据。通过将具体的地理现象转化为可量化的数学形式，数学思维方法使地理研究能够超越直观的观察，深入探索空间关系的本质。

（2）严密的逻辑性

数学思维方法的逻辑性是非常严密的。这种严密的逻辑性主要体现在数学推理方式上，即从一些初始概念（无须定义的概念）和一些初始命题（无须证明的命题、公理）出发，按一定的逻辑规则，定义所有需要的其他概念，推导出所有需要的其他命题（定理）。数学推导是一种严格的证明，其依据只能是初始命题（公理）或已由它们证明了的命题（定理）。如果实现了这点，数学推导就是逻辑严格的。

（3）应用的广泛性

数学思维方法的高度抽象性和严密性使它具有应用的普遍性，即广泛的应用领域，尤其是对现代数学思维方法来说，它可应用于人类活动的所有领域。这就表明，与其他思维方法相比，数学思维方法应用的广泛性是十分独特的。数学思维方法有着广泛的应用性，是因为它可被广泛应用于人类的实践活动。

在科学研究中，具体如何运用数理思维方法并没有固定不变的模式，对于不同的科学领域、不同的研究对象、不同的外界条件，运用的数学方法和数学思维方式也是不同的（辛晓晖，1998）。一般来说，数理思维有以下几种基本方法，在实际问题中应根据具体情况综合使用。

（1）数学描述方法

数学描述方法是用数学语言对事物的性质、状态、关系及变化过程进行数学化表示。它的主要任务是要根据有关学科的基本理论，运用数学符号与数字，对事物及其属性建立起数学模型。一般说来，数学模型具有高度的抽象性和严密的精确性等特点，所以利用数学模型描述问题有利于揭示问题的本质，对问题进行分析和推导，对相关的变化规律做出解释、判断和预测等。

（2）数学建模方法

数学建模方法是用数学模型，即表现实际事物的状态或规律的数学结构，如方程、函数、表达式、图形等，来模拟实际事物的一种信息加工方法。数学建模方法的基本步骤是：先将实际问题抽象为数学问题，再对数学问题求解，然后将数学解翻译为现实结论。

（3）数值计算法

数值计算法是一种研究并解决数学问题的数值近似解方法。在运用数学思维方法解决实际的科学问题时，有时尽管已经将问题抽象成了数学模型，但得到的方程却不能精确求解，这在许多工程和技术问题中很常见。

（4）数理逻辑演算方法

数理逻辑演算方法是指在数理逻辑领域中，通过形式化和符号化的方法，对逻辑命题及其推理过程进行精确处理的一套规则和技术。这些方法以逻辑符号、运算规则和推理规则为基础，旨在描述和分析逻辑推理的结构和正确性。

2.4　辩证思维与系统思维

2.4.1　辩证思维

辩证思维是关于思维的辩证法，它是立足于思维对象的对立统一本质而展开的思维，它以概念、判断、推理等思维形式，以及归纳与演绎、分析与综合、逻辑与历史、抽象与具体等思维方法的矛盾运动，来正确反映客观事物的对立统一的本质（潘玉君等，2019）。在地理学中，辩证思维帮助研究者理解地理现象的复杂性和动态性，以及它们随时间的变化。

辩证思维是随着人类社会实践的发展、科学技术的进步、人们认识的不断深化，在形式逻辑的基础上逐步发展和完善起来的一种高级思维。辩证思维的实质就是按照唯物辩证法的原则，在联系和发展中把握认识对象，在对立统一中认识事物。辩证思维具有以下主要特点。

（1）辩证性

辩证性主要是指辩证思维过程中把握思维对象时所呈现出来的特征，具体体现在两方面：一是对思维对象的辩证认识；二是对辩证思维本身的认识。

（2）主观能动性

主观能动性是指在辩证思维过程中思维主体能动地采用思维的辩证法，运用自己的辩证思维能力，把握认识对象的创新本性。我们知道，思维是主体与客体在实践基础上相互作用的结果，思维本身具有主体性。一方面，这种主观能动性是认识主体的内在要求；另一方面，这种主观能动性是认识主体适应外界环境发展的外在要求。

（3）方法上的统一性

辩证思维具有方法上的统一性主要是指辩证思维方法具有明显的对立统一性质，也就是对偶的矛盾性质。

（4）历史必然性

历史必然性是指辩证思维是历史发展的必然，具有从自发到自觉的发展过程的特征。

辩证思维是一种逻辑推理方式，是一种全面的、发展的思考方式。它强调事物的相互联系、相互作用和相互转化。这种思维方式强调对立统一、质量互变和否定之否定等原则，以揭示事物的内在矛盾和发展趋势（潘玉君等，2019）。辩证思维不仅关注事物的现状，还关注其历史背景、未来发展以及与其他事物的关系，辩证思维的主要方法如下。

（1）归纳与演绎统一的方法

在辩证思维过程中，归纳与演绎统一的方法是指将从个别性知识概括出一般性知识与运用一般性原理去说明个别性知识这两个方面统一起来，并全面把握归纳与演绎相互依存、相互渗透与相互转化的对立统一关系的思维方法。归纳与演绎统一的方法是以思维对象的个别与一般的辩证关系为基础的。任何思维对象都是个别与一般的统一体。

（2）分析与综合统一的方法

在辩证思维过程中，分析与综合统一的方法是指人们考察某一事物时，在整体观念的前提下分别考察该事物的各个要素，同时又把相联系的各要素联合为一个整体。分析是指在人的思维中，把研究对象分解为相互区别、对立或矛盾的各个部分、各个要素，对它们分别加以考察。综合是指在人的思维中，把关于对象的相互区别、对立或矛盾的各个部分、各个要素的认识以某种方式组合起来，从而形成关于该对象的整体认识。在辩证思维中，分析与综合是统一的，这种统一方法以客观事物整体与部分的对立统一关系为依据。在客观世界中，任何事物都是由部分构成的有机整体。在这种有机整体中，部分离不开整体，部分与部分之间也相互联系。如果部分离开整体，则其性质就会发生变化，例如，人的手指若离开人体，就失去了原有功能和特性。同样，人体是由各部分器官有机结合而成的，没有各部分的完整协调，就没有人体的良好功能。因此，我们在认识一个事物时，既要在整体观念下认识部分，同时又要把对部分的认识合成整体。

（3）逻辑与历史统一的方法

逻辑与历史统一的方法是指在认识和研究客观事物时，将事物发展的历史过程与其内在逻辑联系起来，以揭示其本质和发展规律的方法论。这一方法要求从事物的历史发展中寻找其逻辑规律，同时以逻辑推理深化对历史事实的理解，实现历史性与逻辑性的统一。

（4）抽象与具体统一的方法

抽象与具体统一的方法是指在辩证思维过程中，通过把握感性的具体事物的各个方面的本质规定及其相互间的内在联系，在思维中完整再现事物的具体多样性的方法。“具体”是指有许多属性的统一体。它包括两种形态：一是感性具体，即感官能认识到的简单而完整的具体表象；二是理性具体，也叫思维的具体，即思维中所把握的多种本质属性内在统一的整体事物。前者如人们感官所认识到的一般人群意义上的“人类”，后者如思维中再现具有多种规定性的“人类社会”。“抽象”是指思维对事物本质属性或规定性的反映。它既可指思维的成果，也可指一种认识方法。

2.4.2　系统思维

系统科学是研究由若干相互联系、相互作用的要素所组成的具有特定功能的有机整体的存在方式和运动变化规律的学问。系统科学现已形成一个学科群，如系统论、信息论、控制论、运筹学、博弈论、协同学、耗散结构理论等，都属于系统科学（蔡运龙，2011）。系统科学理论本身就是认识和改造世界的手段。系统思维就是在系统科学理论的指导下，用系统的观点来考察对象系统信息的一种信息加工活动，它是根据事物本身的特性把对象放在系统的形式中加以研究的思维方式。在这里，系统的观点就是把研究对象看作一个整体，始终把事物当作多方面联系、多要素构成的动态整体，把事物的普遍联系和永恒运动看成一个总体过程，综合地探索系统中要素与要素、要素与系统、系统与环境、系统与系统的相互作用的变化规律，以便有效地认识和改造对象。地理学是研究地球表层巨大复杂系统的一门科学，系统思维更为适用。

当代地理科学的发展趋势更强调系统观的指导思想，其研究的着眼点放在地球表层系统。在全球变化和人类活动的共同影响下，地球表层系统这一开放的复杂巨系统变得更加复杂，单纯考虑自然因素或人类活动因素已经不能完全揭示地球表层系统运动变化的规律。地球表层各子系统和要素间的相互作用与反馈更加剧烈，考虑某一子系统和要素的变化离不开它对另一子系统和要素变化的贡献与响应，更加需要把各子系统与要素联系起来作为一个整体对象进行研究。研究对象的整体性和系统性决定了地理学不能单独或孤立地发展各分支学科，地理学不能不与其他相关学科发生联系。地理科学内部各分支学科之间协调发展、重新走向统一是地理科学发展的客观要求，地理学内部、地理学与相邻学科之间的交叉、渗透与融合大势所趋。系统观在地理科学的研究中起到越来越重要的作用。

系统思维包含以下特点。

（1）整体性

系统思维的整体性特点强调，地理系统的性质和行为不能仅通过其单个组成部分来理解。例如，一个河流系统不仅仅是河流本身，还包括流域的地形、土壤、植被、气候以及人类活动等多个因素。这些因素共同作用，决定了河流的流量、水质和生物多样性。因此，系统思维要求我们在研究时将地理现象视为一个整体，考虑所有相关组成部分的相互作用。

（2）相互联系

在地理系统中，各个组成部分之间存在着复杂的联系。例如，城市化进程中，土地利用的变化会影响地表的水文循环，进而影响城市的排水系统和防洪能力。系统思维要求我们识别和分析这些联系，理解它们如何影响系统的行为和演化。这种相互联系可能是直接的，也可能是间接的，甚至是非线性的，它们共同构成了系统的复杂网络。

（3）动态性

地理系统是动态的，它们随时间而变化。系统思维要求我们考虑这些变化，以及它们如何影响系统的结构和功能。例如，气候变化可能导致极地冰盖融化，这不仅改变了海平面高度，还影响了全球气候模式和生态系统。系统思维使我们能够追踪这些变化，预测它们的长期影响，并为应对这些变化制定策略。

（4）层次性

地理系统存在于不同的层次上，从微观到宏观，每个层次都有其特定的规律和特性。例如，一个森林生态系统可以被划分为不同的层次，包括个体树木、植物群落、整个森林以及森林与周边环境的关系。系统思维要求我们在不同的层次上分析系统，理解不同层次之间的相互作用和影响。

（5）开放性

地理系统通常是开放的，它们与环境交换物质、能量和信息。例如，一个湖泊系统不仅受到流域内降水和蒸发的影响，还受到来自河流的输入和向周围生态系统的能量流动的影响。系统思维要求我们考虑这些交换过程，理解它们如何影响系统的稳定性和适应性。

（6）反馈机制

地理系统中的反馈机制是系统思维的核心。正反馈机制可以放大系统的变化，如城市化的加速发展可以吸引更多的人口和投资，进一步推动城市化。负反馈机制则倾向于稳定系统，如生态系统中的捕食者和猎物之间的关系，可以维持二者数量的相对稳定。系统思维要求我们识别这些反馈机制，理解它们如何影响系统的动态行为。

系统思维是一种认知框架，它将地理现象视为由相互依赖的组成部分构成的系统，这些组成部分共同作用产生整体特性，系统思维的主要方法如下。

（1）系统论思维方法

系统论思维方法是从整体出发，在思维中辩证地处理整体与部分、结构与功能、系统与环境、功能与目标的关系，实现整体最优化的思维方法。传统的系统论思维方法从部分出发，孤立地分析部分或简单地由部分到整体，然后机械地综合为整体，因而具有简单性和机械性。贝塔朗菲在创立系统论时曾经明确地表示，系统论思想的提出就是反对生物学的理论和研究中存在着的机械方法。

（2）控制论思维方法

控制论思维方法是以任一系统的功能行为为目标，通过功能模拟法、黑箱方法、反馈方法实现控制，达到功能最优化的思维方法。可以说，控制论思维方法使人们更自觉地摆脱机械决定论和还原论思维方式的束缚，转向“有组织的复杂事物的科学”的新思维方式（蔡运龙，2011）。

（3）信息论思维方法

信息论思维方法是以信息论为指导的，运用信息的观点，把任何一个系统的运动变化过程抽象为信息的提取、存储和加工，利用反馈等过程来揭示事物的本质和规律性的一种思维方法。

2.5　理论构建思维、理论检验思维与理论评价思维

2.5.1　理论构建思维

理论构建思维是依据科学理论自身的特性，将理论诸要素组合为一个严密论证体系的信息加工方式，其目的是促使理论系统化以利于实现科学理论的作用与功能（张大松，2008）。理论是科学认识主体在实践活动中获得的关于研究对象的本质及其规律的系统认识，是借助于一系列概念、判断、推理表述出来的知识

体系。在地理学中，理论构建思维具有特别重要的意义。例如，板块构造理论通过对地球内部结构的系统认识，将地壳运动、地震和火山活动的规律整合为一个严密的理论体系，不仅揭示了这些自然现象的成因，还为地质灾害的预防和土地利用规划提供了科学依据。理论构建的过程要求地理学家从大量的观测数据和实践中提炼出核心概念，并通过逻辑推理形成系统化的解释框架。

理论（或称科学理论）作为系统化的科学知识体系，不同于一般的初始假说或经验知识，它具有以下特点。

（1）可检验性

科学理论的根本在于它是对客观物质世界的本质和规律的反映，在内容上应具有客观真理性。因此，建立理论所凭借的事实材料必须是真实的，是经过实践反复检验的。由理论推导的一些假定性的规定，必须能够获得实践的证明。当然，这种可检验性也是相对的。任何科学理论都是在一定的历史条件下形成的，也只是在一定的范围内经过实践检验。

（2）全面性

科学理论必须能对一定范围内的所有相关的事实材料做出充分的、令人信服的解释。例如，气候变化理论通过综合气温变化、降水模式及极端天气的频率等因素，全面揭示了全球气候变化的原因和影响。

（3）逻辑系统性

科学理论必须概念明确、判断恰当、推理正确、论证严密，即合乎逻辑规范和要求。同时，科学理论一般具有演绎的逻辑结构、逻辑上无矛盾等特点。

（4）主体性

主体性是指科学理论能被不同的认识主体所创立、理解、接受，并能被科学共同体畅通地讨论、交流和检验。一个理论也只有被科学界所认识和接受才变得有意义，才能发展。

在地理学研究中，理论构建思维是指通过观察、实验、分析和推理等手段，构建、检验和完善理论的过程。这种思维方式强调对地理现象的深入理解，以及对现象背后规律的探索和表述，主要方法如下。

（1）原理演绎法

原理演绎法的实质体现为，从某一学科所涉及的经验知识中概括出一些基本概念与基本命题，并以此作为该理论中的公理或公设，然后根据这些基本原理演绎出一系列定理，从而构成理论系统。经验自然科学的理论系统化过程中的原理演绎法，不同于数学及逻辑学科的公理化方法。它不是以纯形式的方式来构建的，而是借助理论原理并通过演绎分析，来考察基本原理的普适性效应（如对经验事实的解释以及对未知事实的预测）。因为，借助演绎方法，有助于从基本概念、基本定律推导出它们所蕴含的下一层次的定律，进而推导出经验事实陈述。

（2）演化学方法

演化学方法是逻辑与历史相统一思维方法在理论构建思维中的一种具体体现。它是理论构建者在理论构建思维过程中，以抽象的系统性理论形态概括地反映事物发展的历史进程及其内在规律性的一种思维方法。这种思维方法既反映出事物演化的过程，又反映出事物演化过程的内在联系。在理论构建中，一般说来，当某一理论体系表现为从理论上对事物自身产生、发展的历史再现时，科学理论的构建者通常采用演化学方法来构建此理论。

（3）抽象-具体法

理论构建的抽象-具体法是抽象与具体相统一思维方法在理论构建思维中的一种具体体现。具体地说，它是科学理论的构建者，通过安排理论的逻辑行程再现科学主体对某一事物的抽象与具体相统一的认知过程，即科学主体在其所把握的感性的具体事物的多方面属性的基础上，经过思维抽象而深刻认识该事物的本质规定及其相互间的内在联系，进而在思维中完整再现该事物的多样性。这就表明，理论构建的抽象-具体法是通过理论叙述的辩证法来反映科学主体认识的辩证法。

2.5.2 理论检验思维

科学解题活动所形成的理论是否具有真理性与可行性，关键在于理论能否通过经验事实的检验。在科学研究和理论发展过程中，通过设计和实施检验来验证理论假设、概念和命题的思维方式（张大松，2008），强调的是批判性思维和逻辑推理，其目的是确保理论的可靠性、有效性和普适性。

理论检验思维是一种科学方法论，它强调通过严格的实验和分析来验证或反驳理论。以下是理论检验思维的特点。

（1）严谨性

理论检验思维要求研究者在提出假设、设计实验、收集数据、分析结果等各个环节都保持严谨的态度。这意味着每一步都需要有明确的目标、合理的设计、精确的操作和严格的标准。严谨性是确保研究结果可靠和有效的关键（张大松，2008）。

（2）批判性

理论检验思维鼓励研究者持有批判性思维，不断质疑和审视现有的理论和观点。这种批判性思维不仅针对他人的研究，也包括对自己的研究。通过批判性思维，研究者能够发现理论的漏洞和不足，从而推动理论的发展和完善。

（3）系统性

理论检验思维强调系统性的数据分析和模型构建。这意味着研究者需要从宏观和微观的角度全面考虑问题，确保检验过程的完整性和系统性。系统性思维有助于揭示不同因素之间的相互关系和作用机制，从而更全面地理解和解释现象。

（4）重复性

为了增强检验结果的可信度和普适性，理论检验通常需要在不同的条件、环境和时间下重复进行。重复性实验可以帮助研究者排除偶然因素的干扰，验证结果的稳定性和一致性。同时，重复性也是科学共同体接受和认可研究结果的重要前提。

（5）适应性

理论检验思维要求研究者在面对新的数据或证据时，能够适应性地调整或修正理论。这种适应性体现在对理论的不断修正和完善，以及对实验设计和分析方法的灵活调整。适应性思维有助于研究者更好地应对复杂多变的研究环境，提高研究的灵活性和创新性。

（6）伦理性

理论检验思维还要求研究者在进行研究时遵循伦理原则和规范。这意味着研究者需要尊重研究对象的权利和尊严，保护他们的隐私和安全，同时确保研究的公正性和客观性。伦理性思维有助于维护科学研究的道德底线，促进科学研究的健康发展。

在地理学研究中，理论检验思维是指通过观察、实验、模拟和其他实证手段，对提出的理论或假设进行验证的过程。这一过程旨在评估理论的可靠性、有效性和适用性，以及确定理论的局限性和可能的改进空间（张巨青，1988）。理论检验思维的主要方法如下。

（1）观察法

观察法通过直接观察自然或社会现象，收集与理论相关的第一手资料。观察法强调客观性和真实性，以揭示理论与实际情况的匹配程度。如在地貌学研究中，可通过实地考察某地区的地貌特征来验证地貌演化理论。

（2）实验法

实验法通过在受控条件下进行实验，测试理论的可行性和有效性。实验法常用于研究因果关系和具体机制。如在气候学中，通过实验模拟不同温室气体浓度下的气候变化情况，检验气候变化理论。

（3）模拟法

模拟法借助计算机模拟或物理模型，重现自然或社会过程，以检验理论的适用性。模拟法特别适用于无法直接观察或实验的复杂系统。如利用地理信息系统技术和模型预测城市扩展模式，验证城市化理论。

（4）比较分析法

比较分析法对不同区域、时间段或案例进行比较，分析理论是否适用于不同的背景条件。如在经济地理学中，对比不同国家的产业空间布局，以验证区域经济理论。

（5）统计分析法

统计分析法利用统计工具对数据进行分析，检验理论的相关性和显著性。统计分析法强调数据支持和量化分析。如利用回归分析验证气候因素对作物产量的影响。

（6）历史分析法

历史分析法通过分析历史数据和事件，验证理论是否能够解释过去的现象，并预测未来的发展趋势。如在环境变迁研究中，利用古气候数据检验气候变化理论。

（7）案例研究法

案例研究法选择典型案例进行深入分析，以验证理论的具体适用性和解释力。如在城市地理研究中，分析某一城市的空间结构演变以验证相关理论。

2.5.3　理论评价思维

理论评价思维是根据理论的特有属性而进行的一种评价性思维活动。它是理论思维的重要组成部分。一个理论经过构建和检验，还必须通过评价以便被接受。同时，理论评价思维活动既要依据一定的标准或程序来进行，还要受评价主体的自身素质影响（张大松，2008）。显然，科学的评价理论应遵循相应的合理性原则。理论评价思维是科学主体根据理论的特有属性，依据一定的标准和原则对理论的内容、功效或逻辑性等方面进行评判的一种理论思维。

理论评价思维是比较复杂的思维活动，它主要具有以下特征。

（1）科学性

科学性是评价理论思维的基本特征。科学性在这里是指思维符合客观规律，要求我们在评价过程中做到有理有据，不违背物质运动的基本规律，也不与该领域的基本规律相冲突。评价思维只有具有科学性，对理论的评价才可能合理、有效。科学性要求评价主体要有基本的科学素养，应有足够的知识结构，熟悉评价理论领域内的前沿知识，只有这样才能对该理论做出真实的评价。

（2）客观性

客观性体现为对理论的评价应基于理论的真实面貌，要全面系统地反映理论的实际情形，不应歪曲事实或断章取义。同时，对理论的评价应公正、独立，既要避免受理论创立者的影响，也不应受评价者的主观干扰。否则，理论评价就是不客观的。

（3）严谨性

严谨性是指评价理论时，逻辑思路要严格、清晰，推理合理无误。理论评价不同于对一般事物或文学作品的评价，对一般事物的评价存在不同视角和不同文化的影响，但对理论的评价，特别是对理论的逻辑结构的评价需要更强的严谨性，因为严谨性是逻辑结构的基本特质。

科学工作者对理论进行评价时，总是按一定的标准和方法进行的，就其中涉及的思维方法而言，根据理论的要求和思维的特征归纳出以下几种。

（1）逻辑评价思维方法

理论是具有一定逻辑结构的知识体系，针对理论的逻辑评价思维方法是依据逻辑标准或逻辑要求，对理论的逻辑结构与逻辑关系进行评价的思维方法。对理论的逻辑进行的评价包含自洽性评价和相容性评价，为了实现对理论的逻辑评价，人们一般采用逻辑分析法。理论的逻辑自洽性是我们考察、评价理论的基本标准之一。逻辑自洽性是指理论自身的无逻辑矛盾性。

（2）经验评价思维方法

经验评价思维方法是指通过经验事实来验证理论真理性的思维方法。对理论的评价最根本的还是经验上的评价。从逻辑评价思维中，我们知道逻辑标准在理论评价中发挥着重要的作用，但一个经验科学的理论系统不仅要有逻辑上的严密性，还要有经验上的统一性。尤其是对经验科学来说，经验标准是更基本、更重要的标准。真理性是理论的本质属性，而要衡量理论是否具有真理性或评价其拟真度的大小，最终的根本标准就是通过理论的推论与判据的符合程度来检验。这一标准从判据与理论的关系上讲，也称为可检验性标准。

（3）美学评价思维方法

理论是形式与内容的完美结合，理论的美学评价思维方法就是从科学美的角度对理论进行评价的思维方法。理论评价的科学美通常是最难准确把握的评价标准，它没有严格、固定的范式。不过，人们一般认为，科学美具有统一、和谐、对称、简单性等特征，这些特征体现着理论内容与形式的完美统一，同时也体现着理论与自然界的一致性。在科学美的这些内容中，理论的逻辑美是其中便于把握的核心要素。理论的逻辑美首先表现为理论结构的内在逻辑性（张大松，2008）。理论的逻辑美还体现为理论的逻辑简单性。理论的逻辑简单性不是指科学内容的简单性，而是指理论把要包含的一切概念和一切相互关系都归结为尽可能少的一些逻辑上独立的基本概念和公理。逻辑简单性是科学家的一种审美理想，一种对科学追求的目标。

2.6　空间分析思维与人地关系系统思维

2.6.1　空间分析思维

空间分析思维是一种系统性的方法，它侧重于分析地理现象的空间分布、空间关系和空间过程。通过这种思维方式认识到地理现象的位置、分布和相互之间的空间联系对于理解地理现象的本质和动态至关重要（鲁学军等，2004）。

地理学一直将空间作为核心概念，不同的空间类型与形态、不同的空间尺度、不同的认知主体导致空间认知的多元化，空间分析思维具有如下特点。

（1）空间性

空间性是空间分析思维的核心，它关注地理现象的位置、距离、方向和空间分布等空间维度。这些空间维度对于理解现象的分布、扩散和相互作用至关重要。

（2）相互依存性

空间分析思维认识到地理现象之间存在空间上的相互依存关系。这意味着一个地区发生的变化可能会对邻近或遥远地区产生影响，这种相互依存性是空间分析中考虑的重要因素。

（3）异质性

异质性特点强调不同地区之间存在显著的差异，这些差异的产生可能是由于自然条件、社会经济因素或历史背景的不同。空间分析思维需要考虑到这些差异，以避免在分析中产生误导性的结论。

（4）动态性

动态性特点关注地理现象随时间的变化。空间分析思维不仅要分析某一时刻的空间分布，还要分析这些分布随时间的演变，这对于理解地理过程和预测未来变化非常重要。

（5）尺度依赖性

尺度依赖性意味着空间分析的结果可能会受到分析尺度的影响。不同的尺度可能会揭示不同的空间模式和过程，因此在进行空间分析时选择合适的尺度是非常关键的。

（6）综合性

空间分析思维通常需要综合多种数据和方法。这可能包括通过遥感数据来监测地表变化，通过地理信息系统来管理空间数据，通过空间统计来分析空间模式，通过地理建模来模拟空间过程等。综合性使得空间分析能够从多个角度全面地理解和解释地理现象。

（7）预测性

空间分析思维还具有预测性，它不仅能够解释当前的空间模式和过程，还能够预测未来的变化趋势。这种预测能力对于规划和管理地理空间资源具有重要的实际意义。

（8）决策支持性

空间分析思维为决策提供了科学依据。通过空间分析，决策者可以更好地理解空间数据，评估不同决策方案的潜在影响，并选择最佳的行动方案。

空间分析思维方法使研究者能够从多个角度分析和解释空间数据。通过综合运用这些方法，可以更深入地理解空间现象的复杂性，并为决策提供科学依据。随着技术的发展，这些方法也在不断进化，以适应更复杂的空间数据分析需求（刘耀林，2007），空间分析思维方法包括以下几种。

（1）空间建模分析

空间建模分析是指通过作用于原始数据和派生数据的一组顺序的、交互的空间分析操作命令，回答有关空间现象问题的过程。由于空间建模分析是建立在对图层数据的操作上，又被称为“地图建模”。通过地图建模得到一个“地图模型”，它是对空间分析过程及其数据的一种图形或符号表示，目的是帮助分析人员组织和规划所要完成的分析过程，并逐步指定完成这一分析过程所需要的数据。空间建模分析可以是一个空间分析流程的逆过程，即从分析的最终结果开始，反向一步步分析，判断为得到最终结果，哪些数据是必需的，并确定每一步要输入的数据以及这些数据是如何派生而来的（刘耀林，2007）。

（2）空间叠置分析

空间叠置分析是地理信息系统中常用的提取空间隐含信息的方法之一，它是将多个数据层面进行叠置产生一个新的数据层面，其结果综合了原来两个或多个层面要素所具有的属性。空间叠置分析不仅生成了新的空间关系，而且还将输入的多个数据层的属性联系起来，产生了新的属性关系。其中，被叠加的要素层面必须是基于相同坐标系统的，在同一地带，还必须查验叠加层面之间的基准面是否相同。空间叠置分析是对新要素的属性按一定的数学模型进行计算分析，其中往往涉及逻辑交、逻辑并、逻辑差等运算。根据操作要素的不同，空间叠置分析可以分成点与多边形叠加、线与多边形叠加、多边形与多边形叠加。根据操作形式的不同，空间叠置分析可以分为图层擦除、识别叠加、交集操作、均匀差值、图层合并和修正更新。要注意的是，这里也要对属性进行一定的操作，所指的属性是较为简单的属性值，而注解属性、尺度属性、网络属性等不能作为输入的属性值。

（3）空间缓冲区分析

缓冲区是地理空间目标的一种影响范围或服务范围。从数学的角度来看，缓冲区是给定空间对象或集合后获得的它们的邻域（汤国安等，2012）。邻域的大小由邻域的半径或缓冲区建立的条件来决定。缓冲区（邻域）分析基本思路就是以待计算的栅格像元为中心，向周围扩展一定的范围，然后根据这些扩展栅格像元与中心像元的值或仅用扩展像元（即分析窗口）的值进行函数运算，从而得到这个待计算像元的新值。空间缓冲区分析是用来解决邻近度（描述地理空间中两个地物距离相近的程度）问题的空间分析工具之一，它通过设定距离条件，在一组或一类地图要素（点、线、面）周围形成具有一定范围的多边形实体，从而实现数据在二维空间中的扩散分析，可用于模拟土壤侵蚀的趋势、工厂污染物的扩散等。空间缓冲区可分为三类：一是基于点要素的缓冲区，通常是以点为圆心、以一定距离为半径的圆；二是基于线要素的缓冲区，通常是以线为中心轴线，距中心轴线一定距离的平行条带多边形；三是基于面要素多边形边界的缓冲区，向外或向内扩展一定距离以生成新的多边形。

（4）网络分析

网络是一个由点、线的二元关系构成的系统，通常用来描述某种资源或物质沿着路径在空间上的运动，是现实世界中，由链和结点组成的、带有环路，并伴随着一系列支配网络中流动的约束条件的线网图形。网络分析则是依据网络拓扑关系（线性实体之间、线性实体与结点之间、结点与结点之间的连接、连通关系），通过考察网络元素的空间及属性数据，以数学理论模型为基础，对网络的性能特征进行多方面的分析计算（汤国安等，2012）。其中，网络图论与数学模型是网络分析的重要理论基础。目前，网络分析在电子导航、交通旅游、城市规划管理以及电力、通信等各种管网管线的布局设计中发挥了重要的作用。传输网络分析常用于道路、地铁等交通网络分析，进行路径、服务范围与资源分配等。在传输网络分析中，允许车辆在网络边上双向行驶，网络中的代理（如在公路上行驶的卡车驾驶员）具有主动选择方向的能力。可解决的主要问题有：计算点与点之间最佳路径；进行多点的物流派送，能够按照规定时间规划送货路径、自由调整各点顺序；寻找最近的一个或多个设施点；时间最短或距离最短；确定一个或多个设施点的服务区；绘制起点—终点距离成本矩阵；车辆路径派发等。效用网络分析主要用于河流网络分析与公用设施网络分析，研究网络的状态及模拟，分析资源在网络上的流动与分配情况。在效用网络分析中，只允许在网络边上单向同时行进，网络中的代理不能选择行进的方向，它行进的路径需要由外部因素来决定。

（5）空间统计分析

空间统计分析可将空间实体的非空间属性采用一定的方法或模型进行计算或组合，从而发现一定的规律性，进而进行解释和利用（朱鹤健等，2002）。它包括“空间数据的统计分析”及“数据的空间统计分析”。空间数据的统计分析着重于空间物体和现象的非空间特性的统计分析，解决的一个中心议题是如何以数学统计模型来描述和模拟空间现象和过程，即将地理模型转换成数学统计模型，以便于定量描述和计算机处理。空间数据的统计分析着重于常规的统计分析方法，尤其是多元统计分析方法对空间数据的处理，而空间数据所描述的事物的空间位置在这些分析中不起制约作用。空间数据的统计分析描述的是空间过程，揭示的是空间规律和空间机制。数据的空间统计分析则是直接从空间物体的空间位置、联系等方面出发，研究既具有随机性又具有结构性，或具有空间相关性和依赖性的自然现象。数据的空间统计分析不是抛弃了传统统计学的理论和方法，它是在传统统计学基础上发展起来的。数据的空间统计学区别于经典统计学的最大特点是数据的空间统计学既考虑到样本值的大小，又重视空间位置及样本间的距离。空间数据具有空间依赖性（空间自相关性）和空间非均质性（空间结构），扭曲了经典统计方法的假设条件，使得经典统计模型对空间数据的分析会产生虚假的解释。数据的空间统计学研究的基础是空间对象间的相关性和非独立的观测，它们与距离有关，并随着距离的增加而变化。这些问题被经典的统计学所忽视，但却成为数据的空间统计学的核心。

2.6.2　人地关系系统思维

目前，国际上对人地关系系统有多种表述方式，如人-环境耦合系统（coupled human-environment system）（Srinivasan et al.，2013；Turner et al.，2003）、社会-生态系统（social-ecological system）（Mitchell et al.，2015；Ostrom，2009）、社会环境系统（social environment system）（赵文武等，2020）、人与自然耦合系统（coupled human and natural system）（Liu et al.，2007）、自然与人耦合系统（coupled natural and human system）（Fu et al.，2018）。这些概念源自学者各自

的地理科学、生态学、环境科学等的科学背景，有不同的研究侧重和科学特点，他们关注的对象、研究的要素以及相互作用过程多有交叉、重叠，在解释人与自然系统的耦合机制上均有独特作用。应当指出，人地关系系统并非地理学所独有，但以地域为基础，从系统分析与综合角度研究人地关系系统的只有地理学（潘玉君，1997）。因此，形成了地理学独具特色的基本理论——人地关系地域系统。吴传钧（1991）认为，人地关系地域系统是以地球表层一定地域为基础的人地关系系统，也就是人与地在特定的地域中相互联系、相互作用而形成的一种动态结构。这种动态结构得以存在和发展的条件，是在特定规律制约下，系统组成要素之间或与其周围环境之间，不断进行物质、能量和信息的交换，并以“流”的形式（如物质流、能量流、信息流、经济流、人口流、社会流等）维系系统与环境及系统各组成要素之间的关系。钱学森（1987）则进一步强调，人地关系地域系统的结构与功能是地学重要的基础研究。人地关系地域系统由自然环境和人类社会环境两个子系统构成，各子系统分别由不同但又相互关联的因子组成，其中一个因子或一组因子变化，子系统内其他因子也会发生相应的变化，导致系统发生变化，甚至是整个人地关系地域系统运行方向和性质发生变化（张平宇等，2011）。

人地关系系统及其变化是现代地理学研究的重要主题。2010 年，国际地圈-生物圈计划（International Geosphere-Biosphere Programme，IGBP）呼吁进一步加强自然科学、社会科学与政策领域的整合研究（Seitzinger et al.，2015）。但仍有学者认为，如果承认地理学是交叉科学，就是揭露了地理学的“弱点”，那么地理学就会被边缘化，在这种理念指导下，为了不被边缘化，这些地理学者拒绝交叉和融合，实践中各行其是。事实上，如果承认地理学是交叉学科，并努力实行交叉和融合，就可能在自然科学和社会经济科学两个大学科体系的“边缘”交叉中形成新的中心，这是地理学的优势所在（陆大道，2015）。诚然，回避交叉学科的学者认为自然科学和社会经济科学两大类要素之间相互作用的结果在数学上很难被精确描述出来，或者说描述的结果不能提供确定的答案。而在自然科学范围内或社会经济科学范围内，要素间的相互作用经过数学的描述可以提供确定的答案，这种性质的相互作用描述是科学的（陆大道，2015）。虽然要素间相互作用有不确定性，但对两类不确定性不应该做简单的科学与非科学划分，因为两种不同性质系统内的相互作用的特征不同（陆大道，2015）。综上，人地关系系统思维是地理科学的核心理论之一，也是地理学始终如一的具有重大实践意义的重要理论研究课题之一（吴传钧，1991）。

人地关系系统思维具有如下特点。

（1）互动性

人地关系系统思维强调人类与环境之间的双向互动。人类通过农业、工业、城市规划等活动影响环境，而环境的变化，如气候变化、资源枯竭等，也会影响人类社会的经济、文化和健康等方面（蔡运龙，1995）。这种互动性要求我们在做决策时，考虑到人类活动对环境的长远影响，以及环境变化对人类社会的潜在影响。

（2）地域性

地域性特点体现不同地区的自然环境、文化背景和社会经济发展水平的差异，这些差异造就了不同的人地关系系统模式（王爱民等，2000）。例如，山区的居民可能更依赖于林业和旅游业，而沿海地区的居民可能更依赖于渔业和航运。了解这些地域特征有助于我们制定更符合当地实际情况的发展策略。

（3）动态性

人地关系系统是动态变化的，随着时间的推移，人类社会的发展和科技的进步会改变人类对环境的影响方式和程度，同时环境的变化也会对人类社会产生新的影响。例如，随着城市化的推进，城市热岛效应和水资源短缺等问题日益突出，这要求我们不断调整和优化城市规划和管理策略（关琰珠等，2003）。

（4）系统性

系统性特点要求我们将人类社会和地理环境看作一个相互依赖、相互影响的复杂系统。在这个系统中，经济、社会、文化、政治等因素与自然环境紧密相连，共同影响着人地关系系统的发展（郝成元等，2004）。例如，政策决策、经济发展模式和文化价值观都会影响人类对资源的利用方式和对环境的保护程度。

（5）可持续性

可持续性是人地关系系统思维的重要目标，它要求我们在满足当代人的需求的同时，考虑到未来世代的需求，确保资源的合理利用和环境的长期健康（徐冠华等，2013）。这涉及环境保护、资源管理、生态平衡等多个方面，需要我们采取综合性的策略，平衡经济发展和环境保护的关系，实现人与自然的和谐共生。

人地关系系统思维的研究方法如下。

（1）人地关系系统结构与格局分析

人地关系系统结构与格局可反映出人地关系系统的成因机制、演变过程与方向。从系统结构与格局出发，通过分析格局与过程的静态与动态变化过程，可揭示人地关系系统演变规律及其与影响因素间的关系，可为人地关系系统演变的驱动力分析与机理模型构建提供依据。景观空间格局主要是指不同大小和形状的景观斑块在空间上的排列状况，它是景观异质性的重要表现，反映各种生态过程在不同尺度上的作用结果。由于景观格局是在一定地域内各种自然环境条件与社会因素共同作用的产物，研究其特征可了解它的形成原因与作用机制，为人类定向影响生态环境并使之向良性方向演化提供依据。通过对人地关系系统景观格局进行分析，可以将其空间特征与时间过程联系起来，从而能够较为清楚地对人地关系系统内在规律性进行分析和描述，而对空间格局的定量描述是分析人地关系系统尤其是土地利用子系统的结构、功能及过程的基础。

（2）人地关系系统时空演变过程分析

人地关系系统是一个动态系统，由于系统不断受到自然环境因素和社会经济的影响，当这些影响因素的作用强度达到一定程度或作用效果累积到一定规模时，系统属性将发生变化，系统也随之发生演化。在不同的自然地理单元内，由于各自然要素及其空间组合的差异性，区域总体特征与主要的自然地理过程各不相同。而各人文要素的影响也存有差异，从而导致人地关系系统演变的过程与趋势不同，即人地关系系统演变具有时空差异性。人地关系系统的时空演变过程分析在于掌握人地关系系统状态的变化过程，进而揭示人地关系系统的时空格局演变过程与规律。

（3）人地关系系统动因与机制分析

定性描述与定量分析相结合是系统研究的基本方法之一（陈彦光等，2001）。人地关系系统是由多个子系统复合而成的典型自然-经济社会复合系统,具有一定结构、功能和自我调节能力。由于人地关系系统的演变既受到地形、地貌、土壤及其基础地质、水文、气候和植被等因素的驱动，同时也受到社会、经济、文化、技术、政策等人文因素的驱动，因此，可从系统及其演变所表现的现象中提取自然、社会、经济、政策等定性方面的信息，分析系统演变的动因和机制。

（4）人地关系系统优化调控

人地关系系统通过各相关子系统及其间的物质、能量与信息的不断转换，以及系统与外部环境之间多种流的传递，按照内在的非线性相关关系，维持其耗散结构。人类改变了区域土地利用结构，而土地利用是推动沙地人地关系系统空间格局演变最直接最根本的动力，人地关系系统优化调控目标是通过向人类社会持续发展愿望特质和向土地系统环境特质双向逼近而实现的，优化配置最终要实现经济效益目标、社会效益目标和生态环境效益目标。

第3章

综合地理学研究方法

科学研究的方法论与世界观存在内在的联系，有什么样的世界观，往往就有什么样的方法论。地理学方法论是指西方近代科学革命以来，受到经典物理学等自然学科方法论的影响而逐渐形成的地理研究方法（周林等，1985）。中国地理研究从传统向科学的转化进程与近代西方科学传入中国的过程几乎同步。20 世纪 80 年代以来，新一代地理研究者对地理研究的科学方法有了新的认识。但应指出，各种研究方法都在随着学科交叉而相互渗透，各分支学科所用的方法并无明显界限，本书介绍的是学者广泛采用的方法（Siegel，2001）。

3.1 综合与分析

综合与分析作为一对辩证统一的科学思维方法，在科学方法论中占有十分重要的地位。地理学是一门以人类地理环境为研究对象，包括自然地理和社会经济地理的综合性学科，其最突出的特征是地域性和综合性。综合与分析相结合是地理思维和地理学方法的核心（国家遥感中心，2009；Ramesht，2003）。

3.1.1 地理学中的综合

综合是把认识对象各个组成部分、组成要素联结和统一起来考察的思维方法。地理环境这个复杂的动态系统处在岩石圈、水圈、大气圈、土壤圈、生物圈以及人类智慧圈相互交接、相互渗透的地球表层，各个要素和部分通过物质和能量交换过程以及信息传递过程有机地联系起来，融合成为一个整体。地理环境是地球诸圈层中各种联系最紧密的层次，其中某一要素或部分的变化会引起其他要素或部分的变化甚至整体的变化（曾兴国，2012）。例如，气候转暖、冰川消融和退却、海平面升高和海岸变化、动植物分布的迁徙就是一系列要素相关的连锁式变化。因而，必须在地理分析的基础上，把分析所获得的认识联系起来考察，研究各自然地理、人文地理要素或过程的相互制约和影响，进而认识它们相互作用后表现出来的整体特征。地理学中的综合包括地域综合、要素与过程相关综合和动态综合（张宪魁等，2007）。

（1）地域综合

地域综合是与地域分析相反的过程，它不是单纯考虑某一要素或过程的地域分布，而是在地域分析的基础上，研究各要素和过程在某一地域内的组合关系，不同的组合关系形成具有不同结构和功能特征的综合地理区域（高岸起，2010）。例如，在中国自然地理环境的研究中，把热量自南向北递减、水分自东南向西北递减及地势自西向东递降的要素分异组合在一起，可以划出三大综合自然地理区域，即东部湿润季风区、西北干旱区和青藏高寒区（Steiner，2011）。

（2）要素与过程相关综合

要素分析和过程分析只能提供各个要素和过程的特征与作用，但整体特征并不是各要素和过程机械叠加的结果，而是它们按一定相互作用形式有机结合的综合效应，这就必须通过相关分析来进行综合（龚建华等，2001）。地理学中的相关综合是分层次进行的，一般先把联系较为密切的近缘要素作为一个双元相互作用系统进行相关，如研究土壤与植被的关系、地形与气候的关系、水文与气候的关系等。然后进行各自然地理要素和人文地理要素的多元相关。相对而言，双元相关是一种较低层次的综合，而多元相关则是较高层次的综合。相关综合也可以通过数学方法进行，由定性综合走向定量综合。

（3）动态综合

时段分析仅仅是某一时段内地理要素或现象的研究，因此需要把时段分析的结果置于整个时间发展序列中进行动态综合，研究地理现象和事物的前后承袭、演替关系和时间变化节律（杨建军，2006）。这样不仅可以追溯它们的发生发展过程，更加深刻地认识现状特征，而且可以预测将来的演变趋势，为人类更加合理地利用、保护自然条件和自然资源提供科学依据。

3.1.2 地理学中的分析

分析是把认识对象分解为不同的组成部分或组成要素，分别进行认识和研究的方法。地理学的研究对象——地理环境是一个多层次、多要素、多过程的复杂动态系统，在空间结构上是由不同层次尺度的地域单位组成的多级镶嵌系统（周啸等，2018）。参与这一复杂系统的既有地质、地貌、气候、水文、土壤、植被、动物等自然地理要素及其相应的自然地理过程，也有人类经济活动、社会文化活动中的人文地理要素及其相应的人文地理过程，还有人地相互作用的要素和过程。因此，认识地理必须从分析方法入手，把地理环境的综合整体按其地域结构或圈层结构、组成要素及相应的过程分解为不同的部分和方面分别加以研究（朱鹏颐等，2017）。地理学中除运用适应其他学科的基本分析方法，如定性分析法、因果分析法、比较分析法、分类分析法之外，常用的分析方法还有地域分析法、要素和过程分析法以及时段分析法等（刘国谱，2005）。

（1）地域分析法

任何地理现象、地理要素和地理过程都有其地域分异特征，即不同地域内地理现象、地理要素的特征以及地理过程的性质和强度都有明显差异，并具有一定的规律性（张淑焕，2000）。地域分析的基本方法是从空间结构角度分析各种地理分布，并用地图手段编制各种分布图，使地域分析更加直观化。另一种地域分析的方法是化整体地域为局部“块块”地域进行分析，即先对组成整体地域的各低级地域单位子系统分别进行研究，以便进一步综合出整体特征。例如，对陕西省自然地理环境的认识，需先对陕北风沙滩地、陕北黄土高原、关中平原和陕南秦巴山区分别进行深入的分析研究。

（2）要素和过程分析法

如前所述，地理环境包括各种自然地理要素和人文地理要素以及相应的地理过程，任何地理现象都是各个要素和过程参与并相互作用的结果，要认识某一地理现象的本质特征，必须从分析各个要素和过程开始，分别对它们各自的性质、特点以及作用的方式和强度进行研究（齐清文等，2016）。例如，对某地气候特征的认识，必须先分析该地日照、气温、降水等气候因素，大气环流过程，以及对气候形成和变化有影响的人类活动过程。

（3）时段分析法

地球在不断地运动和发展，地理环境作为一个动态系统也处在不断的发展和变化之中。一方面组成地理环境的诸地理要素在随时间不断变化，另一方面地理环境的结构也经历着由简单到复杂的演进（黄茂军，2006）。根据地理环境发展变化的阶段性和时间节律性，分时段对地理环境进行分析研究，则能较为深刻地认识不同时段的特征和发展规律。例如，古地理学是对地质时期地理环境的研究，历史地理学是对历史时期地理环境的研究，时间地理学则通过定位和半定位观察、实验对地理环境或其子系统的短期行为和状况的节律更迭进行分析和监测。

3.1.3　地理学中综合与分析的辩证关系

综合与分析是一对辩证统一的科学思维方法，在整个认识过程中，二者互相依存、互相渗透、互相转化，具有相辅相成的认识作用。在地理研究中，综合与分析也是缺一不可、互相补充的两个认识方法，这是由地理环境结构的复杂多样性和整体统一性决定的（贾文毓，2008）。

首先，地理分析是在地理综合的认识目的指导下的分析，分析中包含了部分综合。地理研究的目的是把握地理客体的整体特征，要素和过程分析、地域和时段分析都是为认识整体特征而进行的，分析不仅仅是认识某一地理要素、地理过程或地域个体自身的特征，更重要的是认识它们在构成整体过程中的地位和作用，例如，对某一区域自然地理环境的认识，需要把地貌、气候、水文、土壤、植被各自然地理要素及其相应的自然地理过程摆在区域整体背景中，从认识区域整体特征的目的进行分析。而在地理分析中实际上也包含着地理综合的成分，例如，当把地貌作为一个自然地理要素进行分析时，就隐含着对地貌形态、海拔高度、地表物质组成等地貌因子的综合（冯志勇等，2007）。

其次，地理分析是地理综合的基础，没有分析或分析不够都难以形成真正的地理综合（丁荣兴等，2018）。任何地理现象和地理特征都是各个自然的、人文的地理要素和过程共同参与、相互作用的结果，如果不进行或只进行粗浅的分析，对它们之间复杂的相互作用机制、内在本质的必然联系难有深入的认识，只能勉强进行抽象、空泛的综合，使认识停留在现象论阶段。

最后，地理认识是地理分析与地理综合相互转化、逐步递进的过程。地理环境的复杂性必须通过分析与综合的多次循环递进才能得到较为客观而深入的认识。地理学本身的发展史则更是反映出分析与综合这种循环递进的认识进程。在地理学的不同发展阶段，虽然分析和综合都曾起着重要作用，但有时以分析为主，产生科学分化，有时以综合为主，促进了科学的整体化，二者互相转化、矛盾运动推动着地理学的发展。

3.2　归纳法与演绎法

在地理学研究中，归纳思维和演绎思维往往在具体的研究方法中表现出来。归纳思维可以用于定性比较、统计分析、模拟实验等研究过程；而演绎思维则可以在模型分析、数学推导和假设求证过程中发挥作用（张鸿骊，1998）。

3.2.1 归纳法

归纳是从特殊到一般的过程，即由特殊的事实或者案例总结出普遍规律的过程。以陈述观察到的事实为前提，以陈述理论为归属。任何学科都有一个积累经验材料的过程（李宏伟等，2008）。从大量观察、实验得来的信息中发现规律、总结理论或原理，是科学研究中最初步和最基本的方法。归纳法从个别事实的考察中看到真理的端倪，由此启发假说和猜想，这对于建立理论和探索真理具有重要作用。归纳法也为合理安排科学实验提供了逻辑根据，在科学实验中，为了寻找因果联系，必须参照判明因果关系的归纳法来安排一些重复性实验，以提供可靠的经验数据。

3.2.2 演绎法

演绎则是从一般到特殊的过程，即从不证自明的公理或者普遍认可的事实推导出特殊结论的过程。演绎推理是一种必然性推理（李军，2006）。因为推理的前提是一般，推出的结论是个别，一般中包含和概括了个别，凡一类事物所共有的属性，其中每一个别事物必然具有，所以从一般中必然能推出个别。然而，推出的结论正确与否，取决于推理的前提是否正确和推理的形式是否合乎逻辑。演绎推理的大前提是“不证自明的公理或者普遍认可的事实”，但公理其实并非不证自明，所有公理都是理论家的假说，事实也并非普遍认可（李霖等，2005）。演绎推理是一种必然性推理，所以是逻辑证明的工具。我们可以选取可靠的命题作为前提，经过演绎推理来确证或否证某个命题。演绎推理还是作出科学预见的一种途径，科学预见是把一般原理运用于具体场合而得出的正确推论，既然一般原理是正确的，由此得出的推论就是有科学依据的，可用于指导实践。演绎推理从大前提和小前提得出推论，所以还是发展假说和理论的一个必要环节（马蔼乃，2001）。

3.2.3 归纳法与演绎法的辩证关系

在科学史中，有两种极端的观点：一是归纳主义，又称为归纳法优越论，持这种观点的人认为归纳法在科学研究中优于演绎法，甚至认为归纳法是唯一正确的方法；另一种则是演绎主义，持这种观点的学者大多受过欧氏几何学的思维训练，崇尚严密的逻辑推理。科学发展的历史表明，两种观点都失之偏颇（蒙吉军，2013）。

演绎必须借助归纳，归纳的结果（如“地球表层系统及其各子系统内部皆具有差异性”就是归纳的结果）可以作为演绎的前提，而演绎的结果又可以反过来为归纳结果提供进一步的证据。演绎主义者轻视归纳法肯定是没有道理的，演绎需要借助于归纳的结论。历史上的归纳主义者之所以轻视演绎法，重要的原因也是在于演绎往往依赖于归纳结论。即使设想演绎的理论结构已逐渐完善，归纳法对于理论结构的连接和验证的某些阶段仍发挥一种重要作用。所以，一些人认为演绎没有创新可言。但归纳主义者显然忽视了如下事实：一方面，一旦演绎过程可以引入严格的数学方法，它所揭示的深层次的信息绝对不是归纳法可以代替的；另一方面，演绎可以不必从归纳的结果出发，而是从待证的假设出发，然后采用观测和实验方法检验演绎推理的结果，形成逻辑自洽（self-consistent）的结论。总之，归纳法和演绎法都很重要，视情况而有不同作用（Takeuchi et al.，2012；Whyte et al.，2012）。

3.3 系统动力学与第四范式

3.3.1 系统动力学研究方法

从系统方法论来说，系统动力学的方法是结构方法、功能方法和历史方法的统一。按照系统动力学的理论与方法建立的模型，借助计算机模拟可以用于定性与定量地研究系统问题。系统动力学的模型模拟是一种结构功能的模拟，它最适用于研究复杂系统的结构、功能与行为之间动态的辩证、对立与统一的关系。

系统动力学的研究对象是复杂的社会大系统，系统动力学研究这样的复杂系统采用的方法是建立系统的数学仿真模型，在计算机上模拟系统的动态变化过程。系统动力学可以把人力、财力、物力和信息等综合成一个系统来考虑，沟通了自然科学和社会科学两大领域，又使纷繁复杂的社会经济现象系统化、清晰化（王其藩，1995）。它所建立的“构造型”模型，着重于系统内部构造的研究，通过认识事物的内因（因果关系）来了解事物的发展行为，不要求严格的时间序列历史数据，因而特别适用于数据不足的社会经济系统。它采取定性分析和定量模拟的方法研究系统各组成部分之间的关系，优化系统的整体功能。定性分析所建立的模型能够保持系统的构造特征，可以明显地显示出系统是怎样构造的，因果是怎样制约的，控制是怎样进行的，行为是怎样产生的（王婷，2021）。在定量模拟时可以通过改变政策参数对不同模拟方案进行仿真，得到各种政策和措施产生的结果，这为领导决策和政策分析提供了可靠的数据依据。系统动力学模型是动态模型，利用它不仅可以对系统的未来做出规划性和警告性预测，而且还可以回测系统的历史行为（Thomas，2011；张法瑞，2005）。

3.3.2　科学研究第四范式

科学研究第四范式是以数据密集型计算为基础的科学研究范式（萧昆焘，2004）。科学研究第四范式的本质是数据驱动和需求驱动的科学研究范式，通过多元数据的自动化获取、数据集成共享、数据智能化分析，满足科学研究和社会发展的需求。科学研究经历了四次范式演化。第一范式是描述自然现象的，以观察和实验为依据的研究，可称为经验范式；第二范式是以建模和归纳为基础的理论学科进行的研究，可称为理论范式；第三范式是以模拟复杂现象为基础的计算科学研究，可称为模拟范式；第四范式是以数据考察为基础，联合理论、实验和模拟的数据密集型的研究，数据被一起捕获或者由模拟器生成，经过软件处理，信息和知识储存在计算机中，科学家使用数据管理和统计学方法分析数据和文档，可称为数据密集型范式（谢维营，2009）。地理研究第四范式的发展有一定的基础。地理研究第四范式的认知前提——地理要素存在于一个开放的复杂地理系统中，各要素相互依存、协同演化（潘玉君，2021；Sai，2012）。这要求地理学家和地理科学工作者遵循地理研究综合范式理论，从地理环境整体性、地理环境分异性、地理环境人地性、地理环境尺度性和地理环境过程性出发，思考和研究地理学科学问题。地理研究第四范式的数据分析机制将云计算等大数据分析平台和智能算法、复杂网络、多智能体等研究方法相结合，形成完备的数据分析闭环（欧阳康，2012）。数据密集型科学研究范式的出现，为地理学研究提供了全面、完备、丰富的科学数据，使得在科学问题和社会需求提出之前，开展相关研究的数据已经准备充分，这样面向第四范式的新应用——地理学研究将区别于以往的地理学研究（Yates，2012；Jiang et al.，2010；King，2009；陈彦光，2005）。

第 4 章 自然地理学研究方法

4.1 定量法与定性法

4.1.1 定量法

地理学的定量研究可以追溯到古希腊时期，但严格意义的、现代地理学的定量研究是从 20 世纪 30 年代的中心地模型开始的。第二次世界大战以后，由于学术界的权利之争，美国哈佛大学以地理学不是一门科学为由宣布取缔地理系，从而引发了整个美国地理学的生存危机。在这个背景下，德国学者弗莱德·K. 舍费尔（Fred K. Schaefer）发表了《地理学中的例外论：方法论的检视》一文，引发了地理学的“计量革命”。这场革命在某种意义上是美国地理学的一场拯救运动。从此，地理学开始寻找解释地理现象的普遍“法则”，特别是在人文地理学领域，这种运动的影响尤其深远。当一项研究既包括文字又包括数据，并且运用了或深或浅的数学思维解析这些数字背后的比例关系时，才称得上是严格意义的定量研究。定量研究是从测度开始的。要想理解定量法，首先必须明白测度概念。测度是指通过测量得到的尺寸、数量、容量等（汪信砚等，1998）。最基本的长度、宽度、面积、体积、规模、密度等，都是测度。在地理学研究中，当我们讨论一个城市的时候，起码要知道它的人口规模和城区面积；当我们报道一条河流的时候，至少要提及它的河道长度和汇水面积。有了基本测度，我们才能建立模型。测度是定量化（quantification）的开端。所谓定量化，是过程和特征的数值测量处理。通过测量获取数据，并将数据用于对研究对象的数值分析，这就涉及定量分析方法了。较之于定性研究，定量分析可以得到更为准确和客观的结论（Sparkes et al.，2010；林定夷，2009）。

4.1.2 定性法

如果一个研究过程仅仅是确定研究对象的成分和性质，那就是定性分析（qualitative analysis）。它强调的是主观的理解、交流和移情（empathy），而不是客观的预测和控制。定性研究有一个原则，那就是不存在独立的、唯一的和"真实"的世界（和娟等，2020）。不同时期，人们对定性研究的理解不尽相同。但不论有关概念如何变化，有一点是共通的，那就是定性研究主要是基于经验性研究（empirical research），基于观察和实验，而不是基于理论。海伦·库克莱里斯（Helen Couclelis）曾经对定量地理学和定性地理学的空间概念及其哲学基础进行了比较，这个比较也有助于我们理解定性法和定量法的联系与区别（徐治利，2000）。

科学分析方法可以分为定性分析和定量分析，定性分析的目的是说明研究对象的构成和属性，定量分析的目的则是测量系统成分的数量及其比例关系。这两种方法在哲学基础（包括本体论、认识论和方法论）和数据分析方面都存在明显的区别。定性法的数据分析主要是说明研究对象的内在意义，定量法的数据分析则是为了证实或者否定某个命题（proposition）。虽然定性法和定量法在逻辑上都会用到归纳和演绎，但归纳和演绎在认识论层面主要属于定量法的范畴。

4.1.3　定量法与定性法的辩证关系

地理学的研究对象既广泛又庞杂，涉及自然和社会等许多方面。用系统论的语言来说，地理学所研究的系统大部分属于灰色系统，用精确的数学语言是难以表达的。所以在应用数学方法处理地理问题时，只能抽取其主要因素、主要过程，采取简化手段进行数学处理（李双成等，2010）。得出的结论往往是概率的、统计的，而不可能是完全精确的、包罗万象的。从大科学群体事物的决定论的思想来看，不能用某一特定事例决定一个法则，也不能用某一特定事例否定一个法则。处理定量分析时，既要认识到其复杂性并意识到需要逐步提升的过程，又要考虑研究对象的独特性，针对这种特殊的系统，应采用相应的数学语言形式来进行表达。在充分认识和估价定量法的同时，也应当看到定性法在当前和今后的地理研究中仍然是重要的基本方法（张超，1991）。

任何系统都具有定性特性和定量特性两个方面：定性特性决定定量特性，定量特性表现定性特性（刘颂等，2021）。定量描述是为定性描述服务的，借助定量描述使定性深刻化和精确化（闻国年等，1999）。定性方法和定量方法在人类认识地理事物乃至整个客观世界的过程中发挥了重要作用。尽管在早期，人们主要依靠定性方法来认识地理事物和获取地理信息，但随着定量方法的引入，其提供的确定性结论逐渐受到重视。然而，即使在科学技术最发达的国家，野外考察、地理调查等传统方法依然是地理学研究中不可或缺的基本手段。这充分说明了定性与定量集成方法的重要性和必要性。

从定性到定量，综合集成方法能够充分发挥人的形象思维、创造性思维，善于把握整体的优势，充分发挥计算机运行速度快、处理数据精确、存储量巨大的优势，进而形成人-机结合的整体优势、综合优势与智能优势（吴润方等，2016）。随着现代科学技术的发展，我们不能期待用定量法完全无误地正确认识复杂事物，也不可能完全使用定性法去认识像城市系统、交通系统等这样的复杂系统，因此使用定性与定量集成方法是地理学乃至研究复杂系统必须坚持不懈的技术路线。运用定性与定量集成方法既可以克服二者的缺点，消除认识的片面性，又可以充分吸收二者的优点，使认识主体更加全面、细致地认识客观世界，掌握深层次的地理事物和地理过程，获取更多地理信息（郑冬子等，2010）。

科学的定性与定量集成方法表明，首先要对地理事物和地理过程的定性特征有个基本的认识，然后才能确定使用什么样的定量法把它们表达出来（熊启才，2005）。建立正确的定量描述体系关键之一是在获得正确的定性认识基础上选择基本变量，然后才能正确地认识系统的本质特征和变量之间的关系。一个方面的问题经过研究，有了定量的积累，又会上升到整个方面的定性认识，达到更高层次的认识，形成又一次认识的飞跃（徐果明，2003）。在现代科学中，采用定性与定量集成方法结合信息体系、计算机体系以及跨学科专家体系，把各类信息、知识、经验、智慧、数据结合起来，可以将多方面的经验性的定性认识上升为定量认识。

4.2　分类与分区

4.2.1　自然地理学中的分类

分类（classification），又称为类型研究，是对研究对象属性的归纳，将大量个体按照某种属性归入某个类别，通过揭示分类对象的属性特征，用类群取代个体，从而减少处理对象的数量，便于识别和处理。分类的目的是掌握一个分类函数或分类模型（又称为分类器），该模型能把数据库中的数据项映射到给定类别中的某一个类中。分类对于认识自然地理系统有着重要作用，只要涉及自然地理研究对象，研究者都会尝试采用分类方法，识别自然地理要素的共同属性，将大量个体归并为若干类（苗莉莉，2019）。由于个体数量庞大，难以认识和把握，通过分类研究，对自然地理系统的认识将更加简明。分类在自然地理学研究中有着广泛应用，包括对单一要素进行分类，如植被分类、动物分类、土壤分类和气候分类等，对自然地理综合体分类，如土地分类等。

自然地理学分类的一般模式：第一步，确定分类对象。分类对象可能是单一的自然地理要素，如动物和植物等，也可能是多个自然要素构成的自然综合体，如土地系统等。第二步，析取自然地理要素或自然综合体的分类特征。分类特征可以是自然地理要素的某一属性，如植物的生长型，也可以是多个属性构成的复合特征，如植被-气候关系等。第三步，确定分类标准。根据分类对象的复杂程度或应用需求，将自然地理要素或综合体分成若干类型或若干级别。第四步，表征分类方案。通常采用图形或表格形式对分类方案加以表述。由于自然地理学研究对象的复杂性，不论是对单一地理要素还是对自然综合体进行分类，分类方案必定有多个，且随着科学认知的不断深入逐步完善（Yeh et al.，2015；王悦等，2003）。

（1）气候分类

气候是地球表层各种天气过程长时间的综合表现，包括多年平均状态和极端状态。一般用气候要素（气温、降水、湿度、气压和风速等）的统计量来表示气候特征。地球表层环境高度异质性，导致世界各地气候复杂多样，既具有差异性，又具有相似性。根据不同的分类方法和标准，可将全球气候划分成若干类型。气候分类方法可以分为经验气候分类法和理论气候分类法两大类（沈中原等，2009）。

（2）地貌分类

地貌即地球表面各种形态的总称。地表形态多种多样，成因也不尽相同，是内外营力综合作用的结果。目前自然地理学中的地貌分类尚无统一的方案，原因在于地貌形态及其成因复杂，且划分依据各不相同。按照形态地貌可以分成陆地地貌（包括山地、丘陵、平原、台地和高原等）和海底地貌等；按照成因地貌可以分成外营力地貌和内营力地貌，前者包括流水地貌、湖成地貌、干燥地貌、风成地貌、黄土地貌、喀斯特地貌、冰川地貌、海岸地貌、风化与坡地重力地貌等，后者包括大地构造地貌、褶曲构造地貌、断层构造地貌和火山与熔岩流地貌等。比较科学的地貌分类体系应当综合考虑内外营力作用及其时间变量的影响，如戴维斯提出按构造、营力和时间形成地貌的三要素进行分类，马尔可夫提出按地貌分类的形态、成因和年龄三因素分类（徐建华，2006）。在具体划分时，可按形态标志、成因标志、物质组成标志、年龄标志以及人类利用标志等综合分类。

（3）植被分类

植被是某一地区全部植物群落的总称。原则上，植物群落的所有特征都可以作为植被分类的依据。在实践中，群落外貌结构特征（如生活型或生长型、层次结构和高度、周期性等）、植物种类组成（如优势种、建群种和特征种等）、群落演替特征（如顶极群落等）、生境特征（如地理位置和各种单项或组合生态因子等）都被单独或组合用来进行植被分类。

（4）土壤分类

土壤是多种介质构成的自然要素实体，与动物或植物不同，其个体和类型间的差异不明显。因此，对土壤进行客观准确的分类难度较大。在目前多种土壤分类方案中，影响较大并获得广泛采用的为发生学分类和诊断学分类两大体系。前一种分类方案强调土壤与其形成环境条件之间的相互关系，以成土因素及其对土壤的作用作为土壤分类的理论基础，同时也将成土过程和土壤属性作为分类依据（徐建华，2002）。经典的发生学分类通常将地球陆地上的土壤划分为地带性土壤、隐地带性土壤和非地带性土壤三大类别。后一种分类方案则着重于土壤本身的特征和属性，以土壤具有的一些可直接感知、测度和分析的具体指标作为分类依据。

（5）土地分类

对土地进行分类是为了更好地了解和认识土地的基本性质和功能，为土地持续利用提供科学依据（牛媛媛等，2010）。所谓土地分类是指根据土地性质和功能、分布以及人类利用方式等方面的特点，按照一定原则和依据，将土地归并成若干不同类别的过程。由于土地系统的极端复杂性，加之分类目的和标准不同，土地分类有多种类型。一种是土地自然属性分类，或称土地类型分类，强调土地的自然属性，按照发生学、相似性和逻辑性等原则将土地划分为不同的类型。划分土地类型有两种分类系统，即多系列分类系统和单系列分类系统。前者认为土地是一些大小不等、级别有高低、内部结构复杂程度有差别、彼此交错重叠的自然综合体，土地性质的多级性决定了分类应是多系列的。不同的土地分级单位应属不同的分类体系，即有相（土地元素）分类、限区（土地单元）分类和地方（土地系统）分类等。后者主要是借用土壤和植被的分类范式进行土地分类，常常选用地貌、土壤和植被等自然因子作为土地分类的标志，来确定分类等级。另外一种是根据土地用途和土地利用方式划分的应用型土地分类系统，包括土地资源类型分类系统和土地利用分类系统等。前者可分为土地潜力区、土地适宜类、土地质量、土地限制型和土地资源单位五级分类制。后者分类方案较多，各具特点，且处在不断变化之中。

4.2.2　自然地理学中的分区

分区（regionalization），又称为区域划分，是指按照一定的标准或依据，将某一区域的自然要素或人文要素进行划分和合并，将一个大区域划分为若干个小区域的过程。区域划分通过揭示区域内部的相似性和差异性来对区域特征进行科学认知，进而为区域可持续发展提供决策支持。目前常用的分区技术包括数据挖掘、统计学、空间数据库技术等（胡净等，2021）。

分区是将研究对象的所有个体按一定标准区分为若干个小类群（邵全琴，2001）。任何划分都包括母项、子项和划分根据三个部分。母项是指被划分的对象，如植被、土壤或自然地理系统等；子项是指区分出来的类型和部分，如各种植被类型、土壤类型或自然类型等；划分根据是指进行划分时遵循的标准和依据，也是子项之间彼此区分的属性。在数学分析的过程方面，分区前并不知道根据哪些空间区分规则来定义群组，其目的是发现空间实体属性间的函数关系，挖掘的知识用以属性名为变量的数学方程来表示。在对研究对象属性的表述方面，分区单位等级越高，区内结构越复杂，区内特质越突出。分区单位由相邻的不同低级单位合并而成，越是高级分区单位，内部地理结构与格局就越复杂。在类型研究中，空间上相互分割的自然综合体可以根据它们彼此的相似性被标记为同一类型，可以在地表重复出现，而同一分区单位在地表存在是唯一的，不可能出现两个命名相同的分区单位。

分区必须遵循以下基本原则。

（1）互斥性

划分后的各子项必须互斥。对分类来说，各类别之间没有交叉和重叠，某个个体只能属于一种类型。分区也遵循互斥性原则，选择合适的指标体系后，所有地表区域都应归入各分区，不能彼此冲突。

（2）一致性

划分标准必须前后一致，否则被划分出来的类型就会相互交叉或重叠。在自然区划中，对不同大区进行次一级划分时，也必须保持同级分区上指标的一致性。

（3）周延性

划分后子项的外延之和必须等于母项的外延，不能过宽或过窄，即划分的子类型之和刚好等于高一级的类型，子区之和刚好等于上一级大区，不存在某些个体没有被划分，或是某些个体同时属于两个类别的现象。

（4）层次性

划分不能越级，每一次划分时必须把母项划分到与它最邻近的子项，逐级细分，不应遗漏某些子项。

4.2.3 自然地理学中分类与分区的辩证关系

自然地理研究中的区域划分和分类工作都是自然地理系统或要素进行剖分的过程，只不过分析角度和手段不同而已。分区将自然地理系统或要素从空间上分开，主要工作是寻找最优分区界线；分类则是对地理系统属性进行分析，关键在于提取系统的共同属性。在不同的划分层级上，分类单位可以和自然地理系统分区等级单位相对应。

分类和分区都可以单级划分和多级划分。单级划分采用一定指标一次性将研究对象划分为子类（区），而多级划分是对划分出来的子类（区）再次划分，直至得到期望的结果。在自然地理研究中，多级划分更为常见，分类和分区都存在复杂而层次清晰的等级系统。在相应的层级上，分区和分类彼此联系。例如，在综合自然区划中，气候类型常常是一级区的划分依据，植被类型和土壤类型等也是区域划分的重要依据。每个区划单位都是由一些相关的类型单位组合而成的一个区域整体，而每种类型单位也常集中地分布于一定的地区，具有一定的分布范围。一般来说，每一级的区划单位都可进行类型研究，如地表各个自然地带可以进一步划分为森林、草原、荒漠等类型。而每一级的类型单位也可以落实到各个具体的区划单位，因为它是由各个具体区划单位的属性归纳而成的。

4.3　统计与模型

4.3.1　地理研究的统计

使用数理原理解释、运用数理统计方法描述地理规律和现象，在地理学兴起之初就是地理学工作者追求的目标，即寻找普遍规律和描述独特现象。研究人员从野外考察归来后，在整理资料、进行实验之外，最重要的一项工作是进行数理统计分析和数理模型分析。这一步之所以重要，是因为它是定量认识现象形成机制、分布规律、现象间相互关系等必经的途径，是探讨地理环境形成及其演变过程的数理手段（吴子怡等，2017）。

地理学中常采用通用数理方程，以精确、简要、明晰的数学语言，表达某项地理规律。地理学中已经积累了大量的通用数理方程，在地貌、气候、土壤、水文，以及人文地理学中，都有各自特有的通用数理方程。地理学中常用的数理统计方法有：数据的统计与整理，包括异常数据取舍、数据特性、数据统计图示和分布曲线、数据特征值（均值、极差、方差、标准差和变异系数）以及数据概率分布；统计推断，包括分布函数形式的检验、差异显著性检验的方差分析；回归分析，包括线性回归与非线性回归；判别分析和聚类分析等。

4.3.2　地理研究的模型

模型是人们按照科学研究的特定目的，用物质形式或思维形式再现原型客体的本质属性和本质关系的系统。通过对模型的研究获得关于原型客体的信息，从而形成对客体的科学认识。这种借助模型来推断客体的某种性质或规律，进而认识客体原型的科学方法即为模型方法。科学模型的建立必须以一定的科学观点或科学理论为指导，对于同一问题，人们可以从不同的角度以不同的方法和不同的思路去认识，依据不同的概念或假说等理论的认识构造出各种不同的模型，对原型做出不同的解释或预见（孙向宇，2011）。在科学研究中，对不同的模型要进行分析比较，做出评价、筛选和检验。模型作为一种对客体的阶段性认识成果，通过模型研究所取得的对客体的进一步的认识，都是相对的、近似的，只是在一定程度上或从一定侧面上反映客体的属性。通过模型研究得到的认识要通过检验来判定。合理的科学模型是对客体的一种好的抽象，能发挥理论模型对实践的指导作用。

模型建立的任务就是确定模型的结构和参数，其主要方法如下。

（1）模型化的演绎法

对于内部结构和特性清楚的系统，即所谓的白箱，可以利用已经研究出的信息、定理和原理，经过分析、数学或逻辑演绎导出系统模式（刘高焕等，2004）。这类建模方法又称为机理建模。由于演绎法是由一般到个别的推理，因此，通过此法所建立的模型存在一个问题，即是否一定能获得一个有效的数学模型。地理学中数学方法的内容涉及数学及其相关学科的各个领域。它不但继承了现代地理学发展史上计量运动的成果，而且还吸收了近年来数学、系统理论、系统分析方法、计算机科学、现代计算理论及计算方法等领域内的有关成果，内容十分丰富且广泛（表 4-1）。

表 4-1　现代地理学中数学方法的内容体系

数学方法	用途
概率论	用于地理现象、地理要素的随机分布研究
抽样调查	用于地理数据的采集和整理
相关分析	用于分析地理要素之间的相关关系
回归分析	用于拟合地理要素之间具体的数量关系、预测发展趋势
方差分析	用于研究地理数据分布的离散程度
时间序列分析	用于地理过程时间序列的预测与控制研究

续表

数学方法	用途
主成分分析	用于地理数据的降维处理及地理要素的因素分析与综合评价研究
聚类分析	用于各种地理要素分类、各种地理区域划分
判别分析	用于判别地理要素、地理单元的类型归属
趋势面分析	用于拟合地理要素的空间分布形态
协方差与变异函数	用于研究地理要素的空间相关性及空间分布的数量规律
克里金法	用于地理要素分布的空间局部估计与局部插值
马尔可夫过程	用于研究随机地理过程、预测随机地理事件
线性规划	用于研究有关规划与决策问题
投入产出分析	用于产业部门联系分析、劳动地域构成分析、区域相互作用分析
多目标规划	用于研究有关规划与决策问题
非线性规划	用于研究土地利用与规划问题
动态规划	用于有关多阶段地理决策问题的求解
网络分析	用于交通网络、通信网络、河流水系等地理网络的研究
层次分析法	用于有关多层次、多要素战略决策问题的分析
风险型决策分析法	用于各种风险型地理决策问题的分析
非确定型决策分析法	用于各种非确定型地理决策问题的分析
模糊数学方法	用于各种模糊地理现象、地理过程、地理决策和系统评价研究
控制论	用于地理过程、地理系统的调控研究
信息论	用于各种地理信息的分析处理
突变论	用于有关突发性地理现象、地理事件的研究
耗散结构理论	用于有关地理系统、地理过程的组织与演化问题研究
协同学	用于有关地理系统、地理过程的自组织问题研究
灰色系统方法	用于灰色地理系统的分析、建模、控制与决策研究
系统动力学方法	用于对地理系统的仿真、模拟和预测
分形理论	用于有关地理实体的形态及要素分布形态的自相似机理研究
小波分析	用于多层次、多尺度、多分辨率的地理时空过程的时频分析
人工神经网络	用于有关地理模式的识别、地理过程机制的自学习及预测等
遗传算法	用于复杂的非线性地理问题的计算
细胞自动机	用于有关地理过程的计算机模拟

（2）模型化的归纳法

对于那些内部结构和特性不清楚或不太清楚的系统，即黑箱和灰箱，如果能够获得通过实验观测系统的输入和输出数据，则可以基于这些实验数据来建立模型。此类建模方法对有关学科的专业知识要求较少，所需建模时间较短，是对实际系统功能的一个近似描述，模型的有效范围受到一定的限制，故又称为经验建模法。由于归纳法建模是从特殊到一般，所以建立的模型不唯一。

（3）模型化的综合法

对于内部结构和特性不完全清楚的系统，如果不能够进行直接观测，则可以利用一部分先验知识进行演绎，同时通过搜集大量数据进行某种归纳来建立模型。这是一个能充分利用自己获得的有关系统信息的最有效的建模方法，又称为灰箱建模法。

4.4 格局与过程

4.4.1 自然地理学中的格局

所谓格局（pattern）是指环境和生态系统时空异质性的外在表征。“格局”一词在复杂性学科中又被称为“构型”。在自然地理学研究中，对格局的认识和理解具有重要意义。格局有不同分类标准（表 4-2），以格局的时空特性分类为例，格局可分为三种类型，即空间格局、时间格局和时空格局（彭建等，2005）。

（1）空间格局

空间格局是一些环境和生态变量在空间梯度上展现出来的异质性分异特征，是系统能势形成和维持的基本前提。空间格局决定了系统的结构、流率及循环活动等基本特性。

（2）时间格局

在任何开放性的耗散系统中，系统的空间结构总是与变量的时间特征联系在一起。从层次理论的观点看，这意味着在系统非灾变时期，变化慢的全局性强势变量控制着较小空间尺度上变化较快的变量。时间格局可以定义为不同状态变量的值在限定时间区间内表现出的异质性。

（3）时空格局

时空格局是空间格局和时间格局耦合形成的一种格局类型，往往出现在空间尺度和时间尺度基本一致的情形下。从格局的效用特性区分，存在着两种格局，即结构格局和功能格局。系统的层次结构暗含着这样一种特性，即时空格局是一种对系统机制进行限制和控制的基本结构。因而系统中不同单元在不同的时段内具有不同的功能，即出现功能格局。系统的功能格局是空间格局和时间格局相互作用的产物。

表 4-2　自然地理格局分类表

分类标准	格局类型
时空特性	空间格局
	时间格局
	时空格局
表现形式	显式格局
	隐式格局
变化特性	静态格局
	动态格局
内在禀性	随机性格局
	确定性格局
	混沌性格局
尺度大小	宏观格局
	中观格局
	微观格局
效用特性	结构格局
	功能格局
形成动力	自组织格局
	他组织格局

续表

分类标准	格局类型
地位属性	支配性格局
	役使性格局
能量交换	守恒性格局
	耗散性格局
复杂程度	简单格局
	复杂格局
层次特性	单层次格局
	双层次格局
	多层次格局
变化方向	正行演替格局
	逆行演替格局
要素特性	均质性格局
	异质性格局
要素多少	单要素格局
	多要素格局
过程多少	单过程格局
	多过程格局
生存时间	长期格局
	中期格局
	短期格局
周期特性	长周期格局
	中周期格局
	短周期格局
空间相关	空间复现格局
位置关系	嵌套格局
	非嵌套格局
空间分布	离散性格局
	连续性格局

续表

分类标准	格局类型
分布函数	高斯分布格局
	泊松分布格局
耦合程度	松散耦合性格局
	紧密耦合性格局
表现形态	有形格局
	无形格局
分解特性	可分解特性格局
	近分解特性格局
	不可分解特性格局
稳定状态	稳态格局
	准稳态格局
	非稳态格局
复原特性	可恢复性格局
	不可恢复性格局
变异特性	恒定性格局
	变异性格局
空间维数	一维格局
	二维格局
	高维格局
分维特性	单分形格局
	多重分形格局
	非分形格局
格局年龄	新生格局
	中年格局
	老年格局
人为影响	自然格局
	人为格局
	自然-人为格局

4.4.2 自然地理学中的过程

所谓过程是指变量（单变量或多变量）的时间变化。从格局与过程的关系看，过程可表述为格局及其构成要件的动态变化轨迹。在传统的自然地理学研究中，将过程分为物理过程、化学过程和生物过程，或它们之间的组合，如地球化学过程、生物地球化学过程、生物物理过程等。不管组合出多少过程，它们所依据的标准都是学科划分体系（刘佳等，2010）。

依据过程尺度划分的大尺度过程、中尺度过程和小尺度过程在不同的学科有不同的尺度域，在地学中它们分别对应于全球、区域和地方三种空间尺度上所发生的主导过程。根据变化特性、变化性质和内在禀性划分的过程类型，往往存在较多的交叉和重叠。所谓平稳过程是指其统计特性不随时间变化的过程系列，一般也是线性过程或确定性过程，其研究的有效工具是谱分析中的傅里叶变换，它将平稳信号分解成谐波的线性组合。非平稳过程的特点是，无论是否知道它的历史状况，在以后的时间里都将出现不可预测的突发事件。与前面的格局分类相近，也可以依据不同的标准对过程进行分类（表 4-3）。

表 4-3 自然地理学过程分类表

分类标准	过程类型
过程尺度	小尺度过程
	中尺度过程
	大尺度过程
学科性质	物理过程
	化学过程
	生物过程
过程周期	周期性过程
	非周期性过程
发生位置	内部过程
	外部过程
	界面过程

续表

分类标准	过程类型
变化特性	平稳过程
	非平稳过程
变化性质	线性过程
	非线性过程
内在禀性	随机性过程
	确定性过程
	混沌性过程
分维特征	分形过程
	非分形过程
变量多少	单变量过程
	多变量过程
形成动力	自组织过程
	他组织过程
地位属性	支配性过程
	役使性过程
能量交换	守恒性过程
	耗散性过程
复杂程度	简单性过程
	复杂性过程
变化方向	正演替过程
	逆演替过程
可逆性质	可逆过程
	不可逆过程
生存时间	长期过程
	中期过程
	短期过程

续表

分类标准	过程类型
周期特性	长周期过程
	中周期过程
	短周期过程
分布函数	高斯分布过程
	泊松分布过程
人为影响	自然过程
	人为过程
	自然-人为过程

4.4.3 自然地理学中格局与过程的辩证关系

格局与过程是地理学和生态学的重要研究内容之一。如果想更加深入地理解自然地理格局，最好的方式是把它与一些运动过程和变化联系起来。因为，今天看到的格局是过去的自然过程产生的。同样，自然地理格局也影响着各种过程流。从科学研究和管理实践的角度，探讨格局与过程的相互关系具有重要价值，特别是格局为物化格局或可见格局时这种价值就更大。我们总是期望从格局的变化中获得变化的过程机制，反过来又从过程变化中更深刻理解格局的变异动力，以达到调控的目的（江东等，2011）。

按照认识论观点，格局与过程实际上是一个事物的两个方面。如果泛化格局的概念，将其拓展到非物化范围内，那么格局和过程之间的界限就会模糊甚至消失，即格局是过程，过程也是格局（刘希林等，2003）。从这个角度来说，关于是过程产生格局还是格局赋存过程的分辨似乎意义不大。格局与过程之间是相互依存、相互耦合的关系。特定的过程发生在特定的格局之内，过程提供格局变化的物质和能量，而格局则为过程提供发展的空间和时间梯度。当两者同处在开放系统时，有可能呈现相互强化的关系。一般来说，随着格局尺度的增大，作用于格局之上的过程的周期加长，过程“毛刺”被剔除，一些细节被“平滑”，曲线变得相对“光滑”。从成因上说，格局尺度增大，内部的空间异质性就会相应增大，空间异质性会削减外部作用力的变异效果。在外部力或信号作用于系统后，系统的格局和过程就会产生相应的改变，而这样的改变不可能是实时的，一般会有一定时段的滞后（张建军等，2011）。

第5章 人文地理学研究方法

5.1 科学与人文

5.1.1 地理研究的科学

地理学的学科属性，在西方传统与现代学科分类中都归属人文社会学科，即属于人文文化体系（郭瑛琦等，2011）。在地理学的研究领域，有关科学与人文两种文化关系的研究专题主要体现在地理研究的方法或方法论的探讨之中，由地理研究方法的科学文化属性或人文文化属性所决定（刘晓艳等，2003；Buzan et al.，1996）。

在科学文化与人文文化相互关系的认识中，存在着以下五种观点。

（1）科学文化为主

“科学技术活动就其本质而言是一种求真的人文活动，同时也包含着对善和美的人文追求，人们在对科学价值的追求中体现着人文价值的取向。”（邝绮婷

等，2015）

（2）人文文化为主

认为科学与人文的融合以“人”为本、为纽带。“只有建立以人文为基础的科学精神才能真正使科学与人文融合，而不至于流于口号和空谈”“科学精神是人文社会科学研究的必然属性，不是自然科学的专利”（杨叔子，2009）。

（3）科学文化与人文文化对等

认为科学与人文是相互影响、相互作用、相互关联的。“科学精神与人文精神是中性的，……两者是互补的，两者缺一不可。”“科学精神与人文精神是人类文明整体的两翼，两翼的隔离是人类文明进步的严重障碍，因而需要使两者获得融合与均衡的发展。”“科学文化与人文文化是社会整体文化的两个重要侧面，二者各具特点，相对独立，但又在根本上相融通，尤其是作为两种文化之核心的科学精神与人文精神在本质上高度和谐与统一。”（张新长等，2001）

（4）科学文化与人文文化不对等

认为科学文化与人文文化是属于不同层次、不同地位的双方，科学文化与人文文化的“统一”是动态发展的。“科学理性与人文精神其实并非两个对等的范畴。就历史而言，科学理性是西方的产物，而人文精神则为人类所共有。所以，科学理性只能有一种解释，或者说它的内涵是确定不移的；而人文精神却可以有多种内涵与全然不同的解释。就人类而言，科学理性似乎是个偶然，而人文精神却是必然的。人类迄今的历史表明，一个民族可以没有科学理性，却不能没有属于自己的人文精神。这样，在人文精神的内部，就有众多的同类可进行比较，而科学理性的内部，似乎找不到这样的同伴，科学理性是个独生子。”（张新长等，2009）

（5）科学文化与人文文化有桥梁

认为技术文化是科学文化与人文文化的桥梁（杨肇夏，1999）。如地理信息系统、遥感等空间信息技术，在地理研究的科学方法与人文方法中，都得到广泛的运用，成为地理研究中联系科学文化与人文文化的桥梁（Sredojević et al.，2016）。

5.1.2 地理研究的人文

所谓人文方法，相对于科学方法的自然客观性而言，是强调人本主观性的方法，包括历史学的史实叙述、心理学的异域想象、美学的艺术欣赏、社会学的价值判断等（杜鹤民等，2022）。由于研究者个性在学科背景、思维方式、价值取向、利益趋势、情感丰度等方面的差异性，其研究结果不具有唯一性，通常无法重复验证。地理研究的人文方法与人文地理研究方法紧密相关，但又不与之等同，在传统地理学中有充分体现。自20世纪40年代始，随着西方地理学界对计量地理方法双刃剑的反省，他们重科学轻人文的趋势开始得到遏制，人文地理研究得到复兴，地理研究的人文方法得到发展，出现了一批人文地理研究成果。许多人文社会科学的当代话语在入渗地理研究之后，成为当代人文地理的人文方法暨人文地理学方法流派，包括经验主义、实用主义、行为主义、现象学、存在主义、理想主义、马克思主义、唯物主义、后现代主义和后结构主义等（张小林等，1995）。

目前，中国地理学者提出的多种人文地理研究方法体系分别有二分体系、三分体系、四分体系、六分体系、七分体系、八分体系，反映了当前中国人文地理研究方法与思维的多样化。

（1）二分体系

① 传统研究方法（野外考察法和社会调查法、统计图表法、地图法、充分掌握与分析资料）。

② 现代研究方法（计量方法、遥感方法、系统方法）。

（2）三分体系

① 权威的方法。

② 理性的方法。

③ 科学的方法。

（3）四分体系

① 调研研究方法（地理社会调查、科技文献资料法、新技术与新方法、区域地理方法）。

② 空间模型方法（数学模型）。

③ 社会学方法（现象学方法、时间地理学方法、社会生态方法）。

④ 系统分析方法（赵荣等，2006）。

（4）六分体系

① 制定研究计划。

② 搜集资料。

③ 整理资料。

④ 实地考察。

⑤ 提出初步设想并邀请专家咨询。

⑥ 修改定稿并进行成果鉴定和工作总结。

（5）七分体系

① 系统分析和实地考察。

② 问卷调查、座谈会和社会统计学方法。

③ 描述法和比较法。

④ 地图方法。

⑤ 数学模拟和经济分析法。

⑥ 地理信息技术、多媒体技术和网络技术。

⑦ 地理计算。

（6）八分体系

① 实地考察。

② 比较与分类。

③ 类比。

④ 分析与综合。

⑤ 应用“老三论”（系统论、信息论、控制论）与“新三论”（突变论、协同学、耗散结构论）。

⑥ 预测。

⑦ 地理信息系统。

⑧ 理论与实践相结合、定性与定量分析相结合。

显然，上述六种人文地理研究方法体系所列的方法不完全是人文方法。有些是科学方法（如计量方法、空间模型方法等），有些是人文方法（如传统研究方法、社会学方法等），有些是两者兼具的方法（如实地考察、比较与分类、类比等）。这恰恰说明，人文地理研究方法不等同于地理研究的人文方法。

5.1.3 科学与人文的关系

地理学科的科学与人文体现在研究对象、研究方法与学科属性三个层次（向明生，2014）。

（1）地理学科研究对象所体现的科学与人文

在地理学视野中，没有严格的自然地理现象与人文地理现象之分，因此，地理学研究的对象包括自然地理现象、人文地理现象、自然人文地理现象与人文自然地理现象。

（2）地理学科研究方法所体现的科学与人文

地理学科的研究方法，无论是在西方国家还是在中国，都具有深刻的哲学渊源。在自然地理研究与人文地理研究中，均采用科学方法与人文方法。因此，自然地理研究方法与运用于地理研究的科学方法、人文地理研究方法与运用于地理研究的人文方法，显然是有区别的。

（3）地理学科的学科属性所体现的科学与人文

学科属性即文化属性，地理学科的科学文化与人文文化属性虽然有多种表现形式，但总体而言，是科学文化与人文文化对立统一的二元统一属性（Turnhout et al.，2016）。

5.2　社会学与系统分析

5.2.1　人文地理学研究的社会学

社会学理论和方法在人文地理学研究中，尤其在文化地理学、历史地理学以及政治地理学等领域备受重视。

（1）现象学方法

现象学是 20 世纪一种重要的哲学思潮，在它的影响下产生了一系列哲学派别，如存在主义、哲学人类学，并超出哲学的范围延伸及心理学、社会学、文学理论（施仁杰，1992）。20 世纪 70 年代，人文地理学家通过把地理学作为一种纯粹空间科学的批判，依据现象学社会学方法来构筑自己的现象学方法论。文化地理学、历史地理学、社会地理学领域的学者等做了一系列努力，在“生活世界”的水平上解释社会的意义结构，而不是在更深的、超越的层次上来揭示。他们把传统经验理论及抽象的空间理论悬置起来，强调从具体的场所出发研究人类的行为，在研究人类行为空间及其类型时重视个人行为价值、个人地理物象对人类行为决策的影响。在研究地理物象过程中不把它看成单纯的环境刺激，强调行为过程个人知觉，认知能力可以修改与创造地理物象（Turner，2001）。

运用现象学方法时有五个步骤：悬置一切理论及已有的经验；通过介入观察、访问等手段去获取行动者真实的意向性意识；依靠研究者的“自由想象”，变更第二步所得的内容，并按某种要求进行分类；不停地对“分类”结果与其他研究者现时研究的同类或相关课题进行比较，以便得以证实；将研究所得与原先所悬置的内容做对照分析，以便发现差异，去伪存真，形成最终结论。

（2）时间地理学方法

20 世纪中后期，人文地理学在西方国家获得了较快的发展，其研究领域也不再局限于传统的区域研究和空间现象分析，而是深入社会的各个方面，出现了地理学向社会学渗透的趋势。时间地理学就是在这一潮流中产生和发展起来的，时间地理学从人本主义思想和微观研究角度出发，形成了自己独特的方法体系（史文中等，2007；Turner，2005）。

第一，在时空坐标系上连续不断地表示和分析人文现象。

哈格斯特朗构建的城市社会模型中，将社会描述为“物质”系统，认为每个人、每个家庭都是被某一环境结构所包围的，有怎样的环境结构取决于个人的能力、获得的信息及占有的资源（李岩等，1999）。每个人在时空移动中所遇到的环境结构可以通过将空间压缩为二维平面，用纵轴代表时间的三维图加以表示，而个人的行为可用此三维空间中一条连续不断的折线来表示，这就构成了时间地理学的路径。这种路径根据分析需要，可以通过改变时空坐标，在空间尺度（国家、地区、城市等）、时间尺度（一生、年、季度、周、日等）、对象尺度（个人、家庭、组织等）上自由设定。时间地理学正是通过路径以及时空框、时空棱柱、活动束、活动企划等一些特殊的分析方法和手段，将传统的单个行为分析（如购物行为分析、交通出行分析、通勤分析等）在时空轴上结合起来，使行为研究进入了一个全新的阶段（Watts，2014）。

第二，时间与空间的结合。

传统的地理学研究十分注重空间视角，但对时间的考虑只存在于历史及过程的分析中（宋宜全等，2009）。时间地理学首次将时间和空间在微观层面上结合起来，从微观个体的角度去认识人的行为及其过程的先后继承性，并且把握不同个体行为活动在不间断的时空中的同一性。在此，时间和空间更多地被看作是一种资源，这种资源不仅有限而且不可转移。这样，时间地理学将传统的空间资源配置和空间秩序动态研究扩展至时空资源配置和时空秩序动态研究，特别强调了时间秩序的调整。

第三，强调限制人的行为的制约条件。

通过研究物质环境中限制人的行为的制约条件来说明人的空间行为是时间地理学方法的又一大特点。人的行为常常是随意选择的，因此很难仅凭过去的行为观察结果来说明和预测未来的行为。因此，应当关注影响个体行为的制约因素，侧重于客观条件来解释人的行为。所说的制约条件，有些是生理上或自然形成的，有些则是由个人决策、公共政策及集体行为准则造成的。

第四，基于个人日常行为分析的方法论。

时间地理学方法是一种基于个人行为，尤其是个人日常行为研究的微观方法论，它特别强调动态的研究，通过跟踪一个群体中每个人的日常活动路径，研究发生在路径上的活动顺序及时空特征，并且通过个人或群体活动行为系统与个人或群体属性之间的匹配关系，找到不同类型人群的活动规律，从而将微观研究与中观研究及宏观研究结合起来。

第五，强调为城市与区域规划服务的应用性特色。

时间地理学从诞生伊始，就紧紧围绕着追求生活质量提高的目标，而这种目标体现在城市与区域规划方面，就是要公平合理地分配社会资源。因而，时间地理学研究十分注重为城市与区域规划服务的应用性（宋冬梅，2021）。

（3）人文地理学研究的社会生态方法

社会生态方法，即把人类看成社会生态系统的主体，把自然界看成人类的环境，又把人类看成自然界的一部分，还把人类社会看成人类的环境。这种辩证的方法，有助于正确地认识人文地理研究的主题——人地关系系统，避免把人类和自然界看成对立的两极。社会生态方法在人文地理学研究中的应用有以下几个方面。

第一，将人文地理空间看作重要资源。

人文地理空间与人类活动有关，从社会生态学来看，就成为重要的资源。占据优越的生态位置的人群，往往占据着优越的社会地位（江志猛，2020）。经济地理、政治地理上的热点地区往往就是生态位置优越之处。个人、企业、集团拥有有利的生态位置和生态空间，就拥有接近各种资源的便利性，便于在劳动和生产的空间分工中占据高层次、高效益的位置，便于了解市场信息和销售产品。地理上两点之间的距离，仅仅表示该两点空间位置的接近程度，而在社会生态的意义上，距离这个概念具有时间、便利性、成本等内涵。

第二，将竞争机制引进人文环境研究。

社会生态位是社会生态方法中极为重要的基本概念，既有社会生活空间的意义，又有强调人群或个人在社会上的作用和地位的含义。两种人群处于相同的生态位就必然产生竞争，而社会竞争的人文地理意义是利弊兼有的。竞争各方转移到与对手不同的生态位去，意味着开发新资源、新技术、新产品、新地区，促进了资源和空间的充分利用。但是，过度竞争使各方消耗能量太多，也会造成资源的浪费。所以，人文地理在分析社会生态位的基础上，应把握住竞争的度。适度竞争才能促进社会的健康发展，各种人群也才能配置在各得其所的生态位上。通过人文地理研究社会竞争机制，合理配置资源对当前我国及各区域的可持续发展、协调区域发展具有十分重要的意义。

第三，使人文地理综合平衡研究定量化。

社会生态方法将技术链作为人文地理研究的手段，根据技术链网可以进行投入产出分析。投入产出分析将所有不同的产业部门联系在一起，从各部门中间产品入手，通过数学方法求解里昂惕夫逆矩阵，就能求出其他方法所不能求出的部门间间接消耗，从而可按完全消耗有效调控经济平衡（宋关福等，2000）。这种方法提高了人文地理综合研究的科学性，这种思路也可用于其他社会活动的综合平衡研究。

第四，发挥人文地理在生态经济研究方面的作用。

生态经济方法不仅涉及经济地理领域，还涉及社会地理领域、环境地理领域等人文地理研究的各方面。人类从生态经济部门着手，实质上是要协调经济与社会环境的全方位关系。社会生态方法使人文地理综合研究用于生态经济系统，分析技术作为中介在协调经济效益与生态效益过程中的作用，分析各部分之间的联结耦合关系，最终从生态经济平衡、生态经济效益和投入产出适应性等方面评价生态经济系统的运行。在一般研究的基础上，人文地理还要研究具体的区域生态经济，如平原生态经济、山地生态经济等（姜代炜，2019）。

5.2.2　人文地理学研究的系统分析

系统分析方法起源于 20 世纪 40 年代系统科学的创立与发展，这一方法从系统的组成、结构、功能、界限、环境、状态和参量等出发，考虑系统诸要素之间的相互关系，建立各种模型，做出系统整体功能优化的目标决策，然后提出各种调整方案或者做出新的设计（李双成等，2008）。这一思想最早是舍费尔于 1953 年提出的，并很快在地理学界引起反响，被称为科学的方法。系统分析方法被提出后，很快为人文地理学的许多分支所接受。这一方法的特点在于：侧重于指出问题的全局，强调人地关系系统中诸要素的整合；强调考虑所有因素，求出最优化方案；强调人与地诸多要素之间的协同以及人类社会与自然界之间的物质、能量和信息的交换，把它们放在系统的同一个层次进行研究（Ryu et al.，2014；万庆，1999）。

系统分析方法在人文地理学研究中涉及范围很广，如各类规划、区划、地区发展战略研究等方面都不同程度地运用了这一方法体系，尤其是在各类区域发展规划中，系统方法发挥了不可替代的作用。我们在各类规划中强调的一个原则就是经济效益、社会效益和生态效益的统一，但在实际工作中过去用传统方法对问题难以把握，现在把系统分析的多目标优化模型与层次模型有机地结合起来，就可以做出综合而定量的决策，避免了对各类政策和目标的表述只停留在定性阶段，其可操作性也增强了（Tesch，2013）。

系统分析法把因果分析法向前推进了一步，使其从定性阶段走向定量阶段，从对简单的因果关系分析走向对复杂的因果网络系统的分析，为研究人地关系系统这样复杂的因果系统提供了新的方法，为人文地理学研究的计量化和动态化开辟了新的前景。

5.3 区域与区位

5.3.1 区域

区域是具有一定空间范围的客观实体，区域概念最早出现在地理学领域，而且至今仍是地理学的一个重要概念（杨卓翔等，2012）。区域论先是研究自然空间，探求地域分异规律，随后进一步研究人地关系系统的空间分异（程国华等，2016）。从自然空间向自然与社会整合思维转换，并以解决人地关系系统问题为重点。德国地理学家赫特纳是近代地理学区域学派的创始人，他在1927年出版的《地理学——它的历史、性质和方法》一书中强调了地理学是一门关于地域分异的科学，地理学的价值就是从现实的区域-空间角度来观察和了解人与自然的关系，地理学作为区域科学在科学体系中占有特殊的重要地位。他认为区域是自然与人文现象相互结合的具体体现，他提出的“区域地理样板”成为以后区域描述的原始规范。哈特向认为地理学研究地球表面的地域分异规律，并以区域为其研究核心。

20世纪以来，关于区域问题的研究不断扩展，逐渐渗透到人类社会经济发展的各个领域。20世纪70年代出现了区域经济学，80年代随着生态经济学的诞生，区域被赋予了新的内涵：区域是以人类经济活动为内容而组成的地理单元；区域是人类利用自然生态条件进行经济社会活动的历史产物；区域必须有一定的空间范围，它不是无限可分的。陆地表层系统集成研究往往以流域或区域集成的方式开展，通过不同尺度监测调查、模型模拟、情景分析和优化调控，耦合格局与过程、自然与社会各个方面，探讨流域/区域可持续发展的方向与途径（张琳琳等，2010）。总之，区域研究的对象是一定区域范围内人与自然的协调关系。它通过综合分析区域特征，揭示各区域类型产生的各种现象的规律来说明人地之间的一般关系。在这种关系中，人口与社会经济发展为一端，自然资源与生态环境为另一端，双方之间以及各自内部存在着多种直接和间接的反馈作用，并相互交织在一起。在自然界，地球表面存在着明显的区域差异，无论是在自然条件方面，还是在历史文化和社会经济发展方面都各不相同，地域分异规律明显。但相同的一点是每个区域的社会经济发展都要求因地制宜，充分利用自身的自然资源和区位优势，同时注重生态环境的保护和可持续发展，以实现经济效益、社会效益与生态效益的有机统一（张登辉等，2006）。

5.3.2　区位

区位论的理论来自经济学，成型部分有以下几种。

（1）杜能（Thünen）的农业区位论

认为在农业社会时期，在其假想的“孤立国”内，将形成以城市为中心，呈同心圆状，由内向外分布的六个农业圈。

（2）韦伯（Weber）的工业区位论

认为区位因子决定生产场所，确定三个一般区位因子，即运费、劳动力费、集聚和分散。将企业吸引到生产费用最小、节约费用最大的地点。

（3）勒施（Lösch）的市场区位论

认为大多数工业区位选择在能够获取最大利润的市场地域，区位的最终目标是寻找最大利润地点。最佳区位不是费用最小点，也不是收入最大点，而是收入和费用的差最大点。将空间均衡的思想引入区位分析，研究了市场规模和市场需求结构对区位选择和产业配置的影响。

（4）克里斯泰勒（Christaller）的中心地理论

认为一定区域内的中心地在职能、规模和空间形态分布上具有一定规律性，中心地空间分布形态受市场、交通和行政三个原则的影响而形成不同的系统。克里斯泰勒探讨了一定区域内城镇等级、规模、数量、职能间关系及其空间结构的规律性，并采用六边形图式对城镇等级与规模关系加以概括（王家耀，2011）。

地理学的区位学派把复杂纷纭的空间经济现象归并为地域类型、地带和网络等地理实体，然后再抽象为点、线、面三个区位要素予以分析计算，得出经济活动的空间组合规律性，强调分布规律和模式形成，选择最佳位置，为生产力布局服务（张莉等，2011）。区位分析是以市场经济为背景，以合理运距或运费为核心，以抽象化的客体为对象，以空间优化为原则，实现生产力布局和区域发展（王缉慈等，2001）。目前，一些国家政府部门常常关注自然条件并将其作为评价生态恢复是否成功的主要标准，忽视了生态恢复的费用以及在急需地区资金是否合理使用。这种情况为区位学派的应用提供了空间（Swindal，2014）。

第6章

信息地理学研究方法

6.1 地图与图谱

6.1.1 地图思维方法

地图具有直观一览性、地理方位性、抽象概括性、几何精确性等特点，以及信息传输、信息负载、图形模拟、图形认识等基本功能（钟业勋，2007）。地图不仅是地理学调查研究成果的一种很好的表达形式，而且是地理学研究的重要手段，是地理学的“第二语言”，利用地图可以分析地理分布规律，进行综合评价、预测预报、规划设计、指挥管理等。地图思维方法已成为地理学研究的主要方法之一（Wang et al.，2013）。

地图思维方法是地理信息科学中的图形、图像思维方法中的一种。它以地图为信息源，从中认识、归纳、提炼、抽象、概括地球客观实体、现象和过程的空间和时间规律，结果又用地图的方式加以展示和表达（祝国瑞，2004）。地图是地球客观对象和现象的形象的、概括的和符号的模型。正如物理学中用模型来代替实体进行实验一样，地图长期以来被用作地球客观实体和现象的替代模型进行意向、概念和时空规律的研究，从形象思维和理性思维两者相结合的过程中建立对地理研究对象的正确认识（龚健雅，2001）。正是“空间意象思维”使得地理学者把他们的地理思维从纯粹感知世界中解脱出来；也正是基于空间意象思维所产生的地理概念思维，使得人类有能力认知纷繁复杂的现实世界的地理规律和规则，才进一步使得人类能够建立起地理世界从宏观到具体、从模糊到精确、从定性到定量的地理概念计算模型。可以说，地图思维方法是兼具形象思维和定量计算两种特质的研究手段，因而将永远是人类感知、分析、量算、传递地球表层资源与环境信息的一种直观的、经济的、国际化的科学语言。

地图真正成为现代意义上的地理对象的形象-符号-概括模型，是近代以来的地理学和地图学发展的结果（何宽等，2021）。地图在现代地理信息科学研究中起着核心作用，既是自然现象和社会现象的理论图式和解释方案，又是一种思想体系和思维方式。地图作为一种形象-符号-概括模型，在对地球客观存在的特征和变化规律进行科学抽象的过程中通常采用两种方法：一是采用专门的地图符号和图形，通过一定形式组合起来描述客观存在（地图符号化）；二是运用思维能力对客观存在进行简化和概括（地图模型化）。它们都包含着制图者的主观因素，包含着制图者对环境的认识程度和研究深度。概括目的和程度不同，其功能和结构也就各不相同（许世虎等，2011）。例如，反映地理对象和现象的状态模型，如政区图、地形图等，反映了行政区域界线、居民区（和居民点）、交通线等区域社会组织状况，以及各种地形类型等状况，表达其质量、数量和定量信息；也有反映地理过程的模型，如各类经济联系图、资源分布图、气候图，反映了经济、资源和天气等要素的分布、流动过程和联系路线、方向、发展过程等（Outhwaite, 2009）。

地图思维方法贯穿于从编制地图到分析应用地图的三个阶段中，具体如下。

（1）地图的概念建模和地图制图素材组织

这是地图思维和地图编制的第一个环节，即首先根据地图设计的要求，建立拟编制的地图概念模型，进而从各种途径收集可用于地图编制的数据、图件、文字和已有地图，从中提炼出编制地图所需的数据素材（胡鹏等，2002）。该过程的核心是地图概括（又称制图综合），即随着地图比例尺的缩小进行的从概念性抽象与建模到图形概括，采用人工方法、数学模型、知识推理等技术手段，经过取舍、类型简化等级归并、图形简化等一系列抽象、概括和模型化操作，以突出主要要素和内容，并从原较大比例尺地图或地图数据库中提取较小比例尺的地图或地图数据库。这是地图学乃至地理信息科学领域长期以来的核心研究内容，在该环节中，采用的地图思维方法是以地图概念建模为核心，围绕拟编制地图的内容目标来构建地理系统的图形-概括模型，组织用于编制的内容素材。

（2）地图内容的可视化建模

地图内容的可视化建模是在地图概念建模和数据收集提取完成之后，对地图的数据内容进行符号性的设计与处理，采用多维动态可视化的方法，构建所编制地图的形象化模型，建立符合本图内容和需求的图中各种符号、颜色和表示方法，进而制作地图成品的过程（李赵祥，2010）。本环节实质上是地图编制中概念建模与形象化、可视化建模相结合的过程。其中多维动态可视化技术方法，以及地图内容与表现模型的自适应、自组织与自导航的“三自系统”是目前地图学领域的核心研究内容。具体而言，在专题地图编制过程中，为了能够科学地表达专题统计内容，需要采用专题要素分级、分类数学模型，对数据进行分级、分类处理，以适应本图的编制要求；之后，还要应用地图符号建模模型、色彩模型等对地图内容进行可视化表达，使复杂的地图数据变成形象、生动的地图符号和表示方法。地图产品的制作是在地图内容可视化建模之后，在地图总体设计方案的指导下，通过制图者原图、编绘原图到印刷原图、出版原图等过程，制作印刷地图（纸质地图为主）、电子地图（光盘载体地图、互联网地图、手机导航地图）、立体沙盘地图与地球仪等各种形式的地图产品。

（3）地图信息的共享与分析应用

地图信息的共享与分析应用是地图思维和地图编制的最后一个环节。首先通过印刷地图的销售、网络地图的发布等渠道，向用户发布地图产品及其信息；然后用户获得地图产品和地图信息（数据）后采用多种方法和手段对图上内容进行识别、感知、分析、计算等各种应用，从中得到所需要的关于地理对象和现象的知识和信息。它包括地图阅读、地图分析、地图量算等过程。其中地图阅读最重要的方式是目视阅读和分析方法，是用图者视觉感受与思维活动相结合的分析方法，可以获得对制图对象空间结构特征和时间系列变化的认识，包括分布范围、分布规律、区域差异、形状结构、质量特征和数量差异（刘彦佩，2006）。地图分析可通过比较分析和推理分析，找出各要素或各种现象之间的相互联系；更进一步，可通过图解分析和复合分析手段，获取地理对象和现象的质、量和动态信息。在上述几种方法中，地图图解思维分析法是地图思维方法中十分有特色的方法，是利用地图制作各种图形、图表（如剖面图、断面图、块状断面图、过程线、柱状图和玫瑰图等），图形化、定量化地分析和获得地理规律和特征。例如，剖面图采用直观的图形显示各制图对象的主体分布与垂直结构，对认识制图对象各要素和现象的垂直变化及其相互联系很有帮助；块状断面图不仅可以表示地下部位的地质构造与地层变化，而且能反映地貌的形成变化与地质构造及岩性的关系；过程线能较好地显示各自然现象周期变化的过程与幅度；玫瑰图能较好地表示风向的或然率。地图量算法则是通过地图上的量测和计算，得到地图上各要素数量特征和形态数量的定量分析方法。地图数理统计思维法是使用数理统计模型对地图上表示的现象进行数量特征的线统计、回归和分析，研究它们在空间分布或一定时间范围内存在的变异，研究某种制图对象与其他对象之间的因果制约关系，说明多种制图现象中存在的要素及其组合的主因子，反映制图现象亲疏关系、分类分级的聚类关系等。

6.1.2　地学信息图谱方法

地学信息图谱是进入 20 世纪 90 年代以来由中国科学家首创的一种新概念和新方法（刘勇等，2010）。地学信息图谱是按照一定指标递变规律或分类规律排列的一组能够反映地球科学时空信息规律的数字形式的地图、图表、曲线或图像。它的诞生既是地图学、遥感（remote sensing，RS）、地理信息系统和全球导航卫星系统（global navigation satellite system，GNSS）等学科和技术发展的内在动力驱使的结果，也受地球科学中日益增长的对形象思维与抽象思维结合方法的需求的影响，更受相邻学科（如生物学、生命科学、医学、物理学、化学等）的图谱的启发。地学信息图谱是陈述彭院士于 1996 年受到马俊如院士的启发后建立的。马俊如院士提出，生命科学成功地研究出“基因图谱”，化学也早已有“元素周期表”，但地理学中只有地图，却不曾听说有图谱，地理科学为什么只定位在“复杂的、开放巨系统的层次上，能不能也给复杂的地学问题提出简单的表述？应该研究一下地学领域的图谱问题”。因此，“地学信息图谱”是中国科学家的首创，即它继承了传统地学图谱图形思维方法，同时在遥感图像与地理信息系统基础上，实现全数字化定量分析，通过动态仿真与虚拟分析等技术的集成，提高数据挖掘与知识发现的科学水平，从而为地球系统科学提供了一种运用于空间时代、信息社会的地球信息科学的新方法。从应用角度来看，地学信息图谱是地球信息科学和数字地球更高度的综合集成形式，也是数字地球应用的重要手段。地学信息图谱的研究，最终是以解决人口、资源与环境问题，实现国家或地区的可持续发展为目标（童秉枢，2010）。

地学信息图谱的归纳和提炼方法包括：收集有关研究对象（地学要素、地学现象、地理区域）的详细资料，对其进行透彻的研究，掌握其时空格局和规律；根据研究目的的不同，结合研究对象的特点，确定划分出基本的地学信息图谱单元，抽象出这些图谱单元的形态特征并逐个描绘这些单元的不同形态并尽量穷举，形成系列谱；对系列图谱按照一定的标准进行归类，归纳和提炼出图谱的抽象映像图（即模式图）和标准类型及等级；对系列图形进行数学参数描述，使其具有可量化和可形式化表达的功能；进行图谱的建模工作，使图谱具有计算机模式识别和虚拟现实的功能；针对该图谱的实际应用目标进行地学信息图谱单元的重组、虚拟，以建立资源环境问题的调控方案，并虚拟预测调控结果（马耀峰等，2004）。地学信息图谱的提炼方法就是研究地学信息图谱单元识别和提取的过程。地学信息图谱单元识别和提取的研究历史可分为图谱单元特征人工识别、图谱单元人机交互识别、图谱单元机器自动识别三个阶段。相应的地学信息图谱归纳和提炼方法是：人工目视归纳和提炼方法、地理信息系统与遥感工具辅助归纳和提炼方法、自动化归纳和提炼方法。

地学信息图谱的提炼模式如下。

（1）单要素信息图谱的提炼

这是一种相对容易的信息图谱的提炼。一般模式是根据该要素的地理信息系统图形，按照一定的分类体系，穷举其图形实例，进而对其进行归类，然后加以数学参数描述，并确定数学模型，最后产生虚拟/重组谱系。这里单要素的图形穷举和归类是两个关键环节（袁勘省，2007）。

（2）多要素和多指标信息图谱的提炼

这是一种相对复杂的信息图谱的提炼。有两种模式：一是先按单要素和单指标进行信息图谱提炼，然后对多种要素或多个指标加以组合或复合。该方法的难点在于单项图谱之间的可比性和可组合性/可复合性较小，操作难度较大。二是直接按多要素和多指标进行图形的穷举，进而完成归类、参数描述、模型确定以及虚拟/重组等步骤。该方法的难点在于根据多要素和多指标所进行的图形的穷举和归类。

（3）综合信息图谱的提炼

这种图谱的图形思维难度大，难点在于综合的图形或影像系列如何形式化，如何用数学参数进行描述等。一般模式是从遥感图像上提取综合景观或综合图形信息，也应尽量穷举实例。至于数学参数的描述，一般需要采用模式识别的方法，或将地物综合景观转化为地物波谱（龙毅等，2006）。

（4）地面无形的地物现象（即抽象现象）信息图谱的提炼

这是对抽象现象和概念进行信息图谱的提炼，比地面有形的地物或现象的信息图谱提炼难度大得多。一般是将无形化为有形，即采用趋势面、曲线等来反映抽象概念。将数字形式或等级形式的属性值表示为第三维（立体）数据，进而穷举各个趋势面、曲面或曲线。其他步骤与其他类型相似（王英杰等，2012）。

6.2　模拟与仿真

6.2.1　地理信息模拟方法

地理信息模拟就是利用物理或者数学模型来模仿现实地表物体、地理现象和地理过程，以寻求自然过程和人文过程规律的一种方法，地理信息模拟方法注重过程的模拟（王海龙等，2009）。相似现象是地理信息模拟的物质基础，相似性实质上也是模拟的物质基础。相似性是一个含义比较广的概念，既有几何形状的相似、结构的相似、功能的相似，还有机理和思维的相似性。地理信息模拟可以分为以下三种类型（Liu et al.，2014）。

（1）地理信息实体模拟

地理信息实体模拟是对客观存在的地理事物、地理现象和地理过程进行模拟。实体模拟是人类认识和改造自然界的主要手段，地理信息的实体模拟具有直观、形象的优点，早期的地理信息模拟大都是实体模拟（张超，1995）。地球仪就是对地球的一个实体模拟，在当今社会，仍然有很多地理认识和地理实验采用实体模拟的方法。地理信息的实体模拟虽然具有一目了然的特色，但是要构造一套实体模型并非易事，尤其对于比较复杂的系统，需要大量的资金投入和时间投入，实验周期长。另外，在实体模型上做实验，几乎无法修改系统的系数，改变系统结构也较困难，难以实现不同参数下系统的变化情况，至于复杂的社会系统、经济系统和生态系统就更无法用实物来做实验了（Ley et al.，2014）。

（2）地理信息数学模拟

地理信息数学模拟就是采用数学方法近似地刻画实际地理现象和地理过程。数学模拟最典型的特征是实现地理事物与数学模型之间的映射，这种映射实质上就是数学关系式。地理信息数学模拟把研究对象（地理现象和地理过程）的主要特征抽象出来，作为数学关系式的输入部分和输出部分，这样就可以对数学关系式进行分析，研究地理信息的变化规律。流域演变过程模拟是水文学比较典型的数学模拟（Murphy，2014）。

数学模型是实施地理信息数学模拟的核心组成部分，数学模拟与数学科学发展密不可分，并随之不断发展。数学模型包括解析模型（用公式、方程反映系统过程）、统计模型（蒙特卡罗方法）、图表演练模型（图解模拟方法、演练）。

（3）地理信息混合模拟

地理信息混合模拟兼顾实体模拟和数学模拟的功能，是二者联合在一起进行的一种方法（王英杰等，2003）。在地理信息混合模拟过程中，需要把物理模型和数学模型联合在一起进行实验。例如，利用少量实验与演习配合，以数理统计模型演练来进行研究分析，混合模拟结合起来往往可以获得较好的效果，先进行数学模拟获得初步分析结果，然后通过专门的实验来检验和分析数学模拟的结果，最后进行比较准确的数学模拟和分析。

6.2.2 地理信息仿真方法

地理信息仿真方法是对客观地理事物的某一层次抽象属性的模仿（张平，2018）。人们利用这样的模型进行实验，从中得到所需的信息，然后帮助人们对地理现象的某一层次的问题做出决策。地理信息仿真是一个相对概念，任何逼真的仿真都只能是对客观地理事物某些属性的逼近。地理信息仿真方法是一个迭代过程，即针对地理现象或者地理过程某一层次的特性（过程），抽象出一个模型，然后假设输入，进行实验，由实验者判读输出结果和验证模型，根据判断的情况来修改模型和有关的参数。如此迭代地进行，直到认为这个模型已满足实验者对客观系统某一层次的仿真目的为止。计算机（数字）仿真是在计算机上建立形式化的数学模型，然后按一定的实验方案，通过数值计算的方法展开系统的模型来获得系统的（动态）行为，从而研究系统的过程（杨靖宇等，2009）。

地理信息仿真是用能代表所研究系统的模型，结合环境（实际的或模拟的）条件进行研究、分析和实验的方法。它作为一种研究方法和实验技术，直接应用于系统研究，是一种利用相似和类比的关系间接研究事物的方法。为了建立一个有效的仿真系统，一般都要经历以下步骤。

（1）建立模型

建立模型是地理信息仿真的第一步，也是十分重要的一步。在传统仿真技术中，一个仿真系统要先建立起系统的数学模型——一次仿真模型，然后再改写成适合计算机处理的形式——仿真模型。仿真模型可以说是系统二次近似模型。建立起仿真模型后，才能书写相应的程序。模型对地理信息某一层次特性的抽象描述包括：地理信息的组成，各组成部分之间的静态、动态、逻辑关系，在某些输入条件下系统的输出响应等。

（2）仿真建模

根据系统的特点和仿真的要求选择合适的算法。当采用该算法建立仿真模型时，其计算的稳定性、计算精度应能满足仿真的需要。仿真模型反映了系统模型（简化模型）同仿真器或计算机之间的关系，它应能为仿真器或计算机所接受，并能运行（叶嘉安等，2006）。例如，计算机仿真模型是通过对系统的数学模型进行算法处理，将其转化为适合计算机运行的形式（如将数值积分转化为迭代运算模型），从而实现数字仿真的一种“可计算模型”。显然，由于采用的算法引进了一定的误差，所以仿真模型对实际系统来讲是一个二次简化模型。模型建立是通过对实际系统的观测或检测，在忽略次要因素及不可检测变量的基础上，用物理或数学的方法进行描述，从而获得实际系统的简化近似模型。这里应该注意模型的实验性质，即模型同实际系统的功能与参数之间应具有某种相似性和对应性，这一点应尽可能不被数学演算过程所掩盖。

（3）程序设计

程序设计是指将仿真模型用计算机能执行的程序来描述。程序中还包括仿真实验的要求，如仿真运行参数、控制参数、输出要求等。早期的仿真往往采用通用的高级程序语言编程，随着仿真技术的发展，一大批适用不同需要的仿真语言被研制出来，大大减轻了程序设计的工作量。

（4）模型运行

分析模型运行结果是否合适，如不合适，从前几步查找问题所在，并进行修改，直到结果令人满意。

（5）仿真实验、处理仿真结果和输出分析

仿真实验是指对模型的具体应用过程。例如，计算机仿真就是将系统的仿真模型加载到计算机上并运行的过程。仿真通过模拟系统的部分组件或过程来实现替代，以便更好地理解系统行为。输出分析在仿真活动中占据关键地位，尤其是在离散事件系统中，其输出分析的质量甚至直接决定了仿真的有效性。输出分析不仅涉及对模型数据的处理（用于评估系统性能），还包括对模型可信性的验证。在实际仿真过程中，上述每一个步骤通常需要多次反复迭代，以确保模型的准确性和可靠性（Massey，2013）。

6.3 表达与集成

6.3.1 地理信息表达技术

地理信息可视化的三种技术各有特色和使用场合。地图表达是从传统地理成果表达演化而来，进入 21 世纪以来，除传统地图外，还增加了遥感图、图-文-图片混合体、矢量图、栅格图、影像图、图表等新的表达形式。多维动态可视化则是地理信息科学特有的表达技术，包括多种比例尺（空间尺度）、多个区域、多个图层的叠加、切换和任意控制等形式，用来反映多维地理信息及其动态变化，因此电子地图的开窗缩放、漫游、查询检索的功能就显示出强大的生命力。地理信息的研究成果展示技术除编制地图和地图集，还包括科研文章、研究报告、专业书籍、讲演 PPT 等的表达技术，对于科研人员和研究生而言是一项必须熟练掌握的技术（Zaccaro et al.，2003；叶向平等，1996）。

（1）地图表达技术——二维可视化

作为地理学的工具和语言，地图是传达事物空间关系和形态信息的载体。地图表达是使用图形符号来记载和传输经过抽象和概括的地理信息的特种文化工具。地图表达是一种创作过程，它包括抽象-概括、信息可视化两个环节。首先，地图制图者需要对地图数据进行提炼、加工、抽象、概括，将自己对地理对象和现象的空间格局、关系和趋势等的理解融入其中，同时把一些复杂的并且内部结构隐藏着的信息通过简化而显现出来。其次，运用符号、色彩、注记等各种手段对地图信息进行表达，达到信息传输与共享的目标。在这个环节中，需要同时对多种变量进行优化，并且不同的优化方法要和谐一致，因此要求地图制图者能够平衡各种选择（Meschi et al.，2013）。

（2）地理信息多维动态可视化技术

尽管传统的二维地图表达在大多数地理信息系统应用中一直占据主导地位，但随着计算机的计算能力、软件及宽带网的飞速发展，地理信息系统中越来越多地采用三维表达来反映我们所感受和理解的世界，因为进入 21 世纪以来人类所追求的境界是身临其境的感受、超越现实的理解，即期望用虚拟环境与真实环境融合的手段获取真实地理环境知识，实现从一维文本、二维图形/图像/地图、地理信息系统发展到三维（多维）的“身临其境”的集成技术，来推动实验地理学的新技术和新方法。这对于已有地理信息的本体论也是一种挑战，即如何让人类在虚拟地理环境感受和体验世界本体的意义，让人类可“游”、可“居”、可生存、可生产和可消费，对于人类的发展和演进具有重要的意义（张晓楠等，2014）。

（3）地理信息成果展示技术

地理信息成果多样，可视化结果也多种多样。地理信息成果的生成包括数据源获取与编辑、数据管理、数据维护与质量保证、数据生产、地图制图产品生产等环节，所产出的地理信息成果则通过地图或图表的硬拷贝、栅格数据生产、矢量数据生产、PDF 制作等形式表达出来，再通过基于 Web（万维网）的地图分发与传播、基于 Web 的数据分发与传播等各种渠道到达用户。因此，广义的地理信息成果表达包含地图（纸质、电子、二维、三维、多维、静态、动态、知识地图）、地图集、虚拟地理环境、数字城市设计方案、图表、表格、影像、文章、音频、视频、动画等多媒体信息。对于不同的成果，选用的展示技术也不尽相同。

6.3.2 地理信息的综合集成方法

集成（integration）是指通过结合分散的部分形成一个有机整体。地理信息集成的说法很多，根据其侧重点可分为如下几类：地理信息系统功能观点认为数据集成是地理信息系统的基本功能，主要指由原数据层经过缓冲、叠加、获取、添加等操作获得新数据集的过程；简单组织转化观点认为数据集成是数据层的简单再组织，即在同一软件环境中栅格和矢量数据之间的内部转化或在同一简单系统中把不同来源的地理数据（如地图、摄影测量数据、实地勘测数据、遥感数据等）组织到一起；而关联观点则认为，数据集成是属性数据与空间数据之间的关联，其本质是在数据表达或模型中实现空间数据和属性数据的内部关联。数据集成不仅是将不同来源的地理空间数据简单合并，更应包括对普通数据集的重建模，以提升集成的理论价值。从形式上，地理信息集成是指不同来源、格式、特点性质的地理空间数据逻辑上或物理上的有机集中，有机是指数据集成时充分考虑了数据的属性、时间特征、空间特征、数据自身及其表达的地理特征和过程的准确性（黄宏胜，2009）。

信息集成的目标可以简单地表达为建立无缝数据集（库）。数据集（库）无缝表现在数据的空间、时间和属性上的无间断连续性。空间无缝指地理特征在不同数据集中的空间范围连续；时间无缝指地学过程允许范围内的时间不间断；属性无缝指属性类别、层次的不间断。数据尺度已作为地理空间数据的一个根本属性融合到了数据的空间、时间和属性中（赵明伟等，2019）。数据集成即是寻找数据集之间连续性的表达方式，它表现为两个方面：不同尺度数据之间的集成和相同尺度数据之间的集成。不同尺度同种要素数据反映的是该地学要素过程在不同大小空间上表现的规律，其集成是使数据集之间不间断并能自然过渡，即形成全尺度的地理空间数据（或部分连续尺度）；在相同尺度数据之间则主要是确定该尺度上表达某地学过程详细程度的标准，然后使在空间上邻接的地学特征能在物理上或逻辑上连接起来，对数据使用者而言不出现间断（Martí-Henneberg，2014）。

地理信息集成方法主要包括还原与整体集成方法（也可以称为分析与综合集成方法）、定性与定量集成方法、归纳与演绎集成方法、逻辑思维与非逻辑思维集成方法和复杂性科学集成方法。集成方法的出现是认识发展阶段的产物，集成方法克服了单方面分析方法的弊端，避免了片面性，对于解决复杂的地理问题、认识复杂地理信息、掌握复杂地理信息本质特征和规律具有重要意义。

6.4 分析与决策

6.4.1 地理信息的智能分析方法

在地理信息的科学方法分类中，智能分析方法面对的是半结构化或非结构化对象，既难以用图形-图像的思维方法来解决问题，又难以用逻辑严密的数学模型方法来处理，因而需要采用知识推理、判断思维方法化解矛盾，使我们所面对的资源环境的复杂对象和现象得以“降解”“降维”，从而逐渐逼近问题的解（Morgan，2014）。

智能分析主要是指计算机环境下的人工智能（artificial intelligence），它是研究、开发用于模拟、延伸和扩展人的智能的理论、方法、技术及应用系统的一门新的技术科学（杨涛等，2004）。面对海量的地理信息，众多学者试图用计算机的方法来模拟人的智慧和能力以认识地理现象、发现地理问题。所以出现了一系列地理信息的智能分析方法，包括地理信息的知识推理方法、地理知识发现（空间数据挖掘）方法。

（1）地理信息的知识推理方法

这里的地理信息的知识推理方法主要指的是在地理信息专家系统中，用于解决诊断性问题的方法，即通过一个或几个已知的前提推导出一个未知结论的思维过程，其作用是从已知的知识得到未知的知识，特别是可以得到不可能通过感觉经验掌握的未知知识。推理主要有演绎推理和归纳推理。演绎推理是从一般规律出发，运用逻辑证明或数学运算，得出特殊事实应遵循的规律，即从一般到特殊。

地学专家系统是模拟有关领域专家的推理思维过程，将有关领域专家的知识和经验，以知识库的形式存入计算机。系统可以根据这些知识对输入的原始事实进行复杂的推理，并做出判断和决策，从而起到专门领域专家的作用（俞宜孟，1999）。具有这种功能的系统就称为专家系统。专家系统的主要原理是，对于某个领域有透彻了解和丰富知识的专家，将他们的知识以某种方式输入计算机（知识获取阶段），获取的知识被转换成一系列规则，存储在知识库中，用这些规则去识别或描述知识库中的实体。同时，用户对知识库进行访问，达到咨询和调用的目的（Zeder，2009）。

（2）地理知识发现（空间数据挖掘）方法

空间数据挖掘（spatial data mining，SDM），也称为基于空间数据库的数据挖掘和知识发现（spatial data mining and knowledge discovery，SDMKD），还有人将其称为地理知识发现，是指从空间数据库中提取用户感兴趣的空间模式与特征、空间与非空间数据的普遍关系及一些隐含在数据库中的普遍的数据特征。它是数据挖掘（data mining，DM）的一个新的分支，但空间数据挖掘不同于一般的数据挖掘，空间数据挖掘有别于常规事务性数据库的数据挖掘，比一般数据库的发现状态空间理论增加了空间尺度维。数据挖掘主要分为以下四个步骤：一是数据选取，即从数据仓库中提取“有用的”数据；二是数据转换，即对选取的数据进行必要的变换，如将定名量转换为定序量，以便于人工神经网络运算，对已有的属性进行数学或逻辑运算，以创建新的属性等，使得数据可以被进一步操作使用；三是数据分析，即采用分类、回归分析等算法，对数据进行分析，得到期望的信息和知识；四是结果解释，即按照用户的决策支持目的，对挖掘的信息进行分析和解释，将结论表现给决策者，结果的输出不仅包含可视化的过程，而且要经过过滤，以去掉决策者不关心的内容。当执行完一个挖掘过程后，有时可能需要重新修改挖掘过程，还可能增加其他数据，数据挖掘过程可以通过适当的反馈反复进行（张永生等，2005）。

根据知识发现的任务不同，知识发现可分为分类或预测模型发现、数据总结发现、聚类发现、关联规则发现、序列模式发现、依赖关系或依赖模型发现、异常和趋势发现等；根据知识发现的对象不同，知识发现可分为关系数据库、面向对象数据库、空间数据库、时间数据库、文本数据库、多媒体数据库、异质数据库、Web 数据库；根据知识发现的方法不同，知识发现可分为机器学习方法、统计方法、神经网络方法和数据库方法。

6.4.2　地理空间决策方法

决策一般是对事件（问题状态）、对策和效果的总称。决策支持系统是综合利用各种数据、信息、知识、人工智能和模型技术，辅助高级决策解决半结构化或非结构化决策问题（方晓明等，2014）。它是以计算机处理为基础的人机交互信息系统。空间决策支持系统中最主要的行为是空间决策支持。而空间决策支持是应用空间分析的各种手段对空间数据进行处理变换，以提取出隐含于空间数据中的某些事实与关系，并以图形和文字的形式直接地加以表述，为现实世界中的各种应用提供科学、合理的决策支持。由于空间分析的手段直接融合了数据的空间定位能力，并能充分利用数据的现势性特点，因此，其提供的决策支持将更加符合客观现实，因而更具有合理性。空间决策支持系统是由多个相互依存、相互作用的元素构成（包括空间数据库）的一个有机整体，旨在对空间数据进行整理、分析和决策支持。它是在地理信息系统和时空运筹学的基础上发展起来的。地理信息系统的重点在于对大量数据的处理；时空运筹学的重点在于运用模型辅助决策，体现在单模型辅助决策上。空间决策支持系统的出现使计算机能够自动组织和协调多模型的运行，对大量数据库中的数据存取和处理达到了更高层次的辅助决策力。因此，空间决策支持系统与地理信息系统相比的不同特点是增加了模型库、知识库和数据库管理系统，把众多的模型（数学模型与数据处理模型以及更广泛的模型）和知识有效地组织和存储起来，并且建立了模型库、知识库与数据库的有机结合。与地理信息系统的功能相比，它更突出地表现在解决半结构化和非结构化问题的能力上。

在寻找方案的过程中，已有经验、各种约束条件和心理因素的限制属于描述性知识，已有的数学和统计模型属于程式性知识。描述性知识和程式性知识按照问题领域专业知识的逻辑推理方式的运行机制进行组织，就构造了空间行为决策模型。对空间行为决策模型来说，无论使用哪种知识，与问题有关的空间信息是寻找方案的基础。与空间行为决策问题有关的空间信息是通过求解空间数学模型和空间统计模型得到的。空间数学模型是对地理空间关系的定量描述，它包括地理叠置分析模型、地理邻域分析模型、距离衰减模型、地理网络分析模型等。空间统计模型是对于地理空间分布的定量描述，它包括地理多元统计分析模型、周期过程分析模型、马尔可夫（链）过程模型、地理空间自相关分析模型、趋势面分析模型和主成分分析模型等。空间数学模型和空间统计模型统称为空间信息模型。

参 考 文 献

蔡运龙, 1995. 持续发展: 人地系统研究的新思路[J]. 应用生态学报, 15(3): 390-398.

蔡运龙, 2011. 认识环境变化　谋划持续发展: 地理学的发展方向[J]. 中国科学院院刊, 226(4): 390-398.

蔡运龙, 叶超, 陈彦光, 等, 2011. 地理学方法论[M]. 北京: 科学出版社.

陈彦光, 2005. 地理数学方法: 从计量地理到地理计算[J]. 华中师范大学学报(自然科学版), 39(1): 113-119, 125.

陈彦光, 刘继生, 2001. 城市土地利用结构和形态的定量描述: 从信息熵到分数维[J]. 地理研究, 20(2): 146-152.

程国华, 王阿川, 陈舒畅, 等, 2016. 多源遥感影像高精度自动配准方法研究[J]. 液晶与显示, 31(6): 604-612.

丁荣兴, 倪青兰, 林观芷, 2018. 地理信息服务的思索与探究[J]. 江西测绘(3): 46-48.

杜鹤民, 蒋俊杰, 2022. 认知思维与视觉思维下的信息可视化设计[J]. 包装工程, 43(8): 217-224.

方晓明, 龚宏程, 夏有林, 2014. GIS 网格在无源光网络规划建设中的应用[J]. 江西通信科技(2): 31-35.

冯志勇, 李文杰, 李晓红, 2007. 本体论工程及其应用[M]. 北京: 清华大学出版社.

高岸起, 2010. 认识论模式[M]. 北京: 人民出版社.

龚建华, 林珲, 2001. 虚拟地理环境[M]. 北京: 高等教育出版社.

龚健雅, 2001. 地理信息系统基础[M]. 北京: 科学出版社.

关琰珠, 朱鹤健, 2003. 区域生态环境建设的理论与实践研究: 以福建省为例[M]. 北京: 中国环境科学出版社.

郭瑛琦, 齐清文, 姜莉莉, 等, 2011. 城市形态信息图谱的理论框架与案例分析[J]. 地球信息科学学报, 13(6): 781-787.

国家遥感中心, 2009. 地球空间信息科学技术进展[M]. 北京: 电子工业出版社.

郝成元, 吴绍洪, 杨勤业, 2004. 人地关系的科学演进[J]. 软科学, 18(4): 1-3.

何宽, 陈旭, 2021. 电子地图分析与导航[M]. 郑州: 黄河水利出版社.

何名申, 2000. 创新思维修炼[M]. 北京: 民主与建设出版社.

和娟, 师学义, 付扬军, 2020. 基于生态系统服务的汾河源头区域生态安全格局优化[J]. 自然资源学报, 35(4): 814-825.

胡净, 陈尧, 王熙, 等, 2021. 黔南州 4 个典型坝区农业气候分析[J]. 农业灾害研究, 11(9): 37-39.

胡鹏, 游涟, 杨传勇, 等, 2002. 地图代数[M]. 武汉: 武汉大学出版社.

黄宏胜, 2009. 资源环境模型与 GIS 完全集成[J]. 计算机应用, 29: 362-365.

黄茂军, 2006. 地理本体的关键问题研究[M]. 合肥: 中国科学技术大学出版社.

贾文毓, 2008. 地理学研究方法引论: 一般科学方法论层次的衍绎[M]. 北京: 气象出版社.

江东, 付晶莹, 黄耀欢, 等, 2011. 地表环境参数时间序列重构的方法与应用分析[J]. 地球信息科学学报, 13(4): 439-446.

江志猛, 2020. 基于 SOFM 神经网络的土地整治时空配置分区研究[D]. 南昌: 江西农业大学.

姜代炜, 2019. 基于数据挖掘的地理信息服务聚合研究[J]. 测绘与空间地理信息, 42(11): 78-81.

蒋殿春.2025.美国经济政策及中美经贸关系的前景展望[J/OL].人民论坛•学术前沿：1-13[2025-03-20]. https://doi.org/10.16619/j.cnki.rmltxsqy.2025.05.013. DOI: 10.16619/j.cnki.rmltxsqy.2025.05.013.

邝绮婷, 杨再贵, 杨杰, 等, 2015. 基于 BP 神经网络的 CA 城市模拟与预测: 以南京市为例[J]. 城市地理, 9(10): 23-24.

李宏伟, 成毅, 李勤超, 2008. 地理本体与地理信息服务[M]. 西安: 西安地图出版社.

李军, 2006. 地理空间信息与区域多目标规划研究[M]. 北京: 电子工业出版社.

李霖, 吴凡, 2005. 空间数据多尺度表达模型及其可视化[M]. 北京: 科学出版社.

李双成, 王羊, 蔡运龙, 2010. 复杂性科学视角下的地理学研究范式转型[J]. 地理学报, 65(11): 1315-1324.

李双成, 赵志强, 高江波, 2008. 基于空间小波变换的生态地理界线识别与定位[J]. 生态学报, 28(9): 4313-4322.

李希圣, 2004. 我国地学发展的基本特点及问题[J]. 许昌学院学报, 23(2): 45-47.

李小建, 李国平, 曾刚, 等, 2006. 经济地理学[M]. 北京: 高等教育出版社.

李岩, 迟国彬, 廖其芳, 等, 1999. 地理信息系统软件集成方法与实践[J]. 地球科学进展, 14(6): 619-623.

李赵祥, 2010. 地图的色和理论[M]. 北京: 中央民族大学出版社.

林定夷, 2009. 科学哲学:以问题为导向的科学方法论导论[M]. 广州: 中山大学出版社.

刘高焕, 叶庆华, 刘庆生, 2004. 黄河三角洲环境动态监测与数字模拟[M]. 北京: 科学出版社.

刘冠军, 王维先, 2000. 科学思维方法论[M]. 济南: 山东人民出版社.

刘国谱, 2005. 试论地图的空间分析功能[J]. 中学地理教学参考, 34(6): 40-41.

刘佳, 王继军, 2010. 黄土丘陵区纸坊沟流域农业生态经济系统耦合态势[J]. 应用生态学报, 21(6): 1511-1517.

刘颂, 戴常文, 2021. 自然资本流变及其对生态系统服务价值的演变路径[J]. 生态学报, 41(3): 1189-1198.

刘希林, 莫多闻, 2003. 泥石流风险评价[M]. 成都: 四川科学技术出版社.

刘晓艳, 林珲, 张宏, 2003. 虚拟城市建设原理与方法[M]. 北京: 科学出版社.

刘彦佩, 2006. 地图代数原理[M]. 北京: 高等教育出版社.

刘耀林, 2007. 从空间分析到空间决策的思考[J]. 武汉大学学报(信息科学版), 32(11): 1050-1055.

刘勇, 李成名, 印洁, 2010. 语义地理信息服务集成框架研究[J]. 测绘科学, 35(5): 74-76.

龙毅, 温永宁, 盛业华, 2006. 电子地图学[M]. 北京: 科学出版社.

鲁学军, 周成虎, 张洪岩, 等, 2004. 地理空间的尺度-结构分析模式探讨[J]. 地理科学进展, 23(2): 107-114.

陆大道, 2015. 地理科学的价值与地理学者的情怀[J]. 地理学报, 70(10): 1539-1551.

马蔼乃, 2001. 思维科学与地理思维研究[J]. 地理学报, 56(2): 232-238.

马清江, 2002. 科学思维方法[M]. 济南: 黄河出版社.

马耀峰, 胡文亮, 张安定, 等, 2004. 地图学原理[M]. 北京: 科学出版社.

蒙吉军, 2013. 自然地理学方法[M]. 北京: 高等教育出版社.

苗莉莉, 2019. 大数据视域下的海洋生态环境数据库建设[J]. 数码世界(3): 166-167.

牛媛媛, 任志远, 杨忍, 2010. 关中地区农业生态经济系统协调度时空动态分析[J]. 干旱地区农业研究, 28(4): 243-250.

欧阳康, 2012. 马克思主义认识论研究[M]. 北京: 北京师范大学出版社.

潘玉君, 1997. 人地关系地域系统协调共生应用理论初步研究[J]. 人文地理, 12(3): 79-83.

潘玉君, 2021. 地理学思想史[M]. 北京: 中国社会科学出版社.

潘玉君, 武友德, 汤茂林, 等, 2019. 地理学思想史: 专论和专史[M]. 北京: 中国社会科学出版社.
彭建, 蔡运龙, 2005. 复杂性科学视角下的土地利用/覆被变化[J]. 地理与地理信息科学, 21(1): 100-103.
齐清文, 姜莉莉, 张岸, 等, 2016. 地理信息科学方法论[M]. 北京: 科学出版社.
钱学森, 1987. 发展地理科学的建议[J]. 大自然探索, 6(1): 1-5.
全林, 2002. 科技史简论[M]. 北京: 科学出版社.
邵全琴, 2001. 海洋渔业地理信息系统研究与应用[M]. 北京: 科学出版社.
沈中原, 李占斌, 李鹏, 等, 2009. 流域地貌形态特征多重分形算法研究[J]. 水科学进展(3): 385-391.
施仁杰, 1992. 马尔科夫链基础及其应用[M]. 西安: 西安电子科技大学出版社.
史文中, 吴立新, 李清泉, 等, 2007. 三维空间信息系统模型与算法[M]. 北京: 电子工业出版社.
宋冬梅, 2021. 数学形态学在数字图像处理中的应用研究[J]. 计算技术与自动化, 40(2): 136-139.
宋关福, 钟耳顺, 刘纪远, 等, 2000. 多源空间数据无缝集成研究[J]. 地理科学进展(2): 110-115.
宋宜全, 杨荔阳, 2009. 地理信息服务的数据安全机制研究[J]. 地理与地理信息科学, 25(6): 13-16.
孙宁伟, 赵瑜, 刘勇, 等, 2014. TVBRT: 一种基于 Radial Tree 的具有度量属性的多变元时态数据可视化方法[J]. 计算机科学(6): 5-11, 17.
孙向宇, 2011. 基于能值分析的土地可持续利用评价及对策研究[D]. 武汉: 华中农业大学.
孙中伟, 王杨, 2011. 中国信息与通信地理学研究进展与展望[J]. 地理科学进展, 30(2): 149-156.
汤国安, 杨昕, 2012. 地理信息系统空间分析实验教程[M]. 北京: 科学出版社.
童秉枢, 2010. 图学思维的研究与训练[J]. 工程图学学报, 31(1): 1-5.
万庆, 1999. 洪水灾害系统分析与评估[M]. 北京: 科学出版社.
汪信砚, 肖新发, 1998. 科学真理的困惑与解读[M]. 武汉: 湖北人民出版社.
王爱民, 缪磊磊, 2000. 地理学人地关系研究的理论评述[J]. 地球科学进展, 15(4): 415-420.
王恩涌, 赵荣, 张小林, 等, 2000. 人文地理学[M]. 北京: 高等教育出版社.
王海龙, 苏旭明, 翁慧慧, 2009. 地理信息服务的思考与探索[J]. 北京测绘(2): 69-72.

王洪刚，杨忠，2003. 试论隐喻思维的特点及功能[J]. 东北师大学报(哲学社会科学版)(2): 86-91.

王缉慈，等, 2001. 创新的空间：企业集群与区域发展[M]. 北京：北京大学出版社.

王家耀, 2011. 地图制图学与地理信息工程学科进展与成就[M]. 北京：测绘出版社.

王其藩, 1995. 高级系统动力学[M]. 北京：清华大学出版社.

王婷, 2021. 系统工程[M]. 重庆：重庆大学出版社.

王英杰，陈毓芬，余卓渊，等, 2012. 自适应地图可视化原理与方法[M]. 北京：科学出版社.

王英杰，袁勘省，余卓渊，等, 2003. 多维动态地学信息可视化[M]. 北京：科学出版社.

王悦，张勤，张劲, 2003. 科学思想与创新素质[M]. 上海：上海科学技术出版社.

王铮，乐群，吴静，等, 2015. 理论地理学[M]. 2 版. 北京：科学出版社.

闻国年，吴平生，周晓波, 1999. 地理信息科学导论[M]. 北京：中国科学技术出版社.

邬伦，刘瑜，张晶，等, 2001. 地理信息系统：原理、方法和应用[M]. 北京：科学出版社.

吴传钧, 1991. 论地理学的研究核心：人地关系地域系统[J]. 经济地理, 11(3): 1-6.

吴润方，王鲁, 2016. 农业专家系统应用综述[J]. 科技广场(3): 179-181.

吴子怡，谢平，桑燕芳，等，2017. 水文序列跳跃变异点的滑动相关系数识别方法[J]. 水利学报(12): 1473-1481,1489.

伍光和，蔡运龙, 2004. 综合自然地理学[M]. 北京：高等教育出版社.

伍光和，田连恕，胡双熙，等, 2000. 自然地理学[M]. 北京：高等教育出版社.

向明生, 2014. 中小企业集群竞争机理及优势探析[J]. 当代经济(18): 36-38.

萧昆焘, 2004. 科学认识论[M]. 南京：江苏人民出版社.

谢维营, 2009. 本体论批判[M]. 北京：人民出版社.

辛晓晖, 1998. 经济地理学的科学思维[M]. 长春：长春出版社.

熊利亚, 1996. 中国农作物遥感动态监测与估产集成系统[M]. 北京：中国科学技术出版社.

熊启才, 2005. 数学模型方法及应用[M]. 重庆：重庆大学出版社.

徐冠华，葛全胜，宫鹏，等，2013. 全球变化和人类可持续发展：挑战与对策[J]. 科学通报, 58(21): 2100-2103.

徐果明, 2003. 反演理论及其应用[M]. 北京：地震出版社.

徐建华, 2002. 现代地理学中的数学方法[M]. 北京：高等教育出版社.

徐建华, 2006. 计量地理学[M]. 2 版. 北京：高等教育出版社.

徐治利, 2000. 数学方法论选讲[M]. 3 版. 武汉：华中科技大学出版社.

许世虎, 宋方, 2011. 基于视觉思维的信息可视化设计[J]. 包装工程, 32(16): 11-14, 34.
杨建军, 2006. 科学研究方法概论[M]. 北京: 国防工业出版社.
杨靖宇, 谢超, 柯希林, 等, 2009. 地理信息服务的思考与探索[J]. 测绘工程, 18(1): 34-37.
杨叔子, 2009. 科学离不开人文[J]. 自然辩证法通讯, 31(4): 1-6.
杨涛, 刘锦德, 2004. WebServices 技术综述: 一种面向服务的分布式计算模式[J]. 计算机应用, 25(8): 1-4.
杨肇夏, 1999. 计算机模拟及其应用[M]. 北京: 中国铁道出版社.
杨卓翔, 高阳, 赵志强, 等, 2012. 基于能值分析的深圳市三个小型农业生态经济系统研究[J]. 生态学报, 32(11): 3635-3644.
叶嘉安, 宋小冬, 钮心毅, 等, 2006. 地理信息与规划支持系统[M]. 北京: 科学出版社.
叶向平, 陈毓芬, 1996. 论地图设计中的形象思维问题[J]. 解放军测绘学院学报, 13(4): 292-295.
于坤霞, 蒋凯鑫, 孙倩, 等, 2019. 风蚀水蚀交错区生态经济耦合效应[J]. 水土保持研究, 26(5): 34-38.
俞宜孟, 1999. 本体论研究[M]. 上海: 上海人民出版社.
袁勘省, 2007. 现代地图学教程[M]. 北京: 科学出版社.
曾兴国, 2012. 领域本体网格化城市地理信息共享模型[J]. 测绘科学, 37(5): 194-196.
詹姆斯, 马丁, 1989. 地理学思想史(增订本)[M]. 李旭旦, 译. 北京: 商务印书馆.
张超, 1991. 计量地理学基础[M]. 2 版. 北京: 高等教育出版社.
张超, 1995. 地理信息系统[M]. 北京: 高等教育出版社.
张大松, 2008. 科学思维的艺术: 科学思维方法论导论[M]. 北京: 科学出版社.
张登辉, 俞乐, 狄黎平, 2006. 基于 NWGISS 的空间信息网格节点结构及实现[J]. 计算机应用, 26(5): 1155-1157.
张法瑞, 2005. 自然辩证法概论[M]. 北京: 中国农业大学出版社.
张鸿骊, 1998. 科学方法要论[M]. 西安: 陕西人民出版社.
张建军, 张晓萍, 王继军, 等, 2011. 1949—2008 年黄土高原沟壑区农业生态经济系统耦合分析: 以陕西长武县为例[J]. 应用生态学报, 22(3): 755-762.
张巨青, 1988. 科学研究的艺术: 科学方法导论[M]. 武汉: 湖北人民出版社.
张莉, 唐立文, 2011. 基于四叉树的海量空间数据无缝组织研究[J]. 计算机技术与发展, 21(1): 77-80.

张琳琳, 孔繁花, 尹海伟, 2010. 基于高分辨率遥感及马尔科夫链的济南市土地利用变化研究[J]. 山东师范大学学报(自然科学版), 25(2): 88-91,96.

张敏, 2004. 思维与智慧[M]. 北京: 机械工业出版社.

张平, 2018. 基于 GIS 的空间信息多级网格数据协同更新管理系统研究[J]. 测绘地理信息(4): 95-100.

张平宇, 李鹤, 佟连军, 等, 2011. 矿业城市人地系统脆弱性: 理论·方法·实证[M]. 北京: 科学出版社.

张淑焕, 2000. 中国农业生态经济与可持续发展[M]. 北京: 社会科学文献出版社.

张宪魁, 李晓林, 阴瑞华, 2007. 物理学方法论[M]. 杭州: 浙江教育出版社.

张小林, 刘继生, 冯春萍, 等, 1995. 人文地理学导论[M]. 北京: 测绘出版社.

张晓楠, 任志国, 曹一冰, 2014. 空间分析模型与 GIS 无缝集成研究[J]. 地理空间信息(2): 156-158.

张新长, 唐力明, 等, 2009. 地籍管理数据库信息系统研究[M]. 北京: 科学出版社.

张新长, 曾广鸿, 张青年, 2001. 城市地理信息系统[M]. 北京: 科学出版社.

张永生, 戴晨光, 张云彬, 等, 2005. 天基多源遥感信息融合: 理论、算法与应用系统[M]. 北京: 科学出版社.

赵明伟, 张扬, 江岭, 等, 2019. 一种优化高精度曲面建模的 DEM 构建方法[J]. 测绘科学, 44(3): 122-126.

赵荣, 王恩涌, 张小林, 等, 2006. 人文地理学[M]. 北京: 高等教育出版社.

赵文武, 侯焱臻, 刘焱序, 2020. 人地系统耦合与可持续发展: 框架与进展[J]. 科技导报, 38(13): 25-31.

郑冬子, 郑慧子, 2010. 区域的观念: 时空秩序与伦理[M]. 北京: 科学出版社.

"中国学科及前沿领域发展战略研究(2021—2035)"项目组, 2023. 中国地球科学 2035 发展战略[M]. 北京: 科学出版社.

钟业勋, 2007. 数理地图学: 地图学及其数学原理[M]. 北京: 测绘出版社.

周林, 殷登详, 张永谦, 1985. 科学家论方法(第二辑)[M]. 呼和浩特: 内蒙古人民出版社.

周啸, 李少梅, 王旭, 等, 2018. 兴趣旅游地理信息服务系统设计与实现[J]. 测绘工程, 27(5): 46-51.

朱鹤健, 2018. 地理学思维与实践[M]. 北京: 科学出版社.

朱鹤健, 钱乐祥, 曹文志, 2002. 基于 GIS 的福建农业生态环境区域分异[J]. 地球信息科学学报, 4(1): 58-60.

朱鹏颐, 黄新焕, 2017. 共生理论视角下创新农业生态经济研究范式[J]. 生态学报, 37(20): 6945-6952.

祝国瑞, 2004. 地图学[M]. 武汉: 武汉大学出版社.

Buzan T, Buzan B, 1996. The Mind Map Book: How to Use Radiant Thinking to Maximize Your Brain's Untapped Potential[M]. New York: Plume.

Fu B J, Wei Y P, 2018. Editorial overview: Keeping fit in the dynamics of coupled natural and human systems[J]. Current Opinion in Environmental Sustainability(33): 1-4.

Jiang J, Xu R K, Zhao A Z, 2010. Comparison of the surface chemical properties of four soils derived from Quaternary red earth as related to soil evolution[J]. Catena, 80(3): 154-161.

King A, 2009. Overcoming structure and agency: Talcott Parsons, Ludwig Wittgenstein and the theory of social action[J]. Journal of Classical Sociology, 9(2): 260-288.

Ley D, Samuels M, 2014. Humanistic Geography (RLE Social & Cultural Geography): Problems and Prospects[M]. Abingdon: Routledge.

Liu J G, Dimtz T, Carpenter S R, et al., 2007. Complexity of coupled human and natural systems[J].Science, 317(5844): 1513-1516.

Liu X P, Ma L, Li X, et al., 2014. Simulating urban growth by integrating landscape expansion index (LEI) and cellular automata[J]. International Journal of Geographical Information Science, 28(1): 148-163.

Long Y H, Wu M, Kwoh C K, et al., 2020. Predicting human microbe-drug associations via graph convolutional network with conditional random field[J]. Bioinformatics, 36(19): 4918-4927.

Martí-Henneberg J, 2014. The time dimension in geography: Historical data for unstable boundaries[J]. Historical Methods: A Journal of Quantitative and Interdisciplinary History, 47(4): 163-166.

Massey D, 2013. Space, Place and Gender[M]. Manhattan: John Wiley & Sons.

Meng C H, Du X Y, Ren Y T, et al., 2020. Sustainable urban development: An examination of literature evolution on urban carrying capacity in the Chinese context[J]. Journal of Cleaner Production, 277: 122802.

Meschi P X, Wassmer U, 2013. The effect of foreign partner network embeddedness on international joint venture failure: Evidence from European firms' investments in emerging economies[J]. International Business Review, 22(4): 713-724.

Mitchell M, Lockwood M, Moore S A, et al., 2015. Incorporating governance influences into social-ecological system models: A case study involving biodiversity conversation[J]. Journal of Environmental Planning & Management, 58(11): 1903-1922.

Morgan R, 2014. Going Too Far: The Personal Chronicle of a Feminist[M]. New York: Open Road Media.

Murphy A B, 2014. Geography's crosscutting themes: Golden anniversary reflections on "the four traditions of geography" [J]. Journal of Geography, 113(5): 181-188.

Ostrom E, 2009. A general framework for analyzing sustainability of social-ecological systems[J]. Science, 325(5939): 419-422.

Outhwaite W, 2009. Habermas: A Critical Introduction[M]. Cambridge: Polity.

Popper K R, 2020. The Open Society and Its Enemies[M]. Princeton: Princeton University Press.

Ramesht M H, 2003. Chaos theory in geomorphology[J]. Geography and Development Iranian Journal, 1(1): 13-37.

Ryu W S, Woo S H, Schellingerhout D, et al., 2014. Grading and interpretation of white matter hyperintensities using statistical maps[J]. Stroke, 45(12): 3567-3575.

Said E W, 2012. Culture and Imperialism[M]. New York: Vintage.

Seitzinger S P, Gaffney O, Brasseur G, et al., 2015. International geosphere-biosphere programme and earth system science: Three decades of co-evolution[J]. Anthropocene, 12(1):3-16.

Siegel R B, 2001. Text in contest: Gender and the constitution from a social movement perspective[J]. University of Pennsylvania Law Review, 150(1): 297.

Sparkes A, Aubrey W, Byrne E, et al., 2010. Towards Robot Scientists for autonomous scientific discovery[J]. Automated Experimentation, 2(1): 1-11.

Sredojević D, Cvetanović S, Bošković G, 2016. Technological changes in economic growth theory: Neoclassical, endogenous, and evolutionary-institutional approach[J]. Economic Themes, 54(2): 177-194.

Srinivasan V, Seto K C, Emerson R, et al., 2013. The impact of urbanization on water vulnerability: A coupled human-environment system approach for Chennai, India[J]. Global Environmental Change, 23(1): 229-239.

Steiner F, 2011. Landscape ecological urbanism: Origins and trajectories[J]. Landscape and Urban Planning, 100(4): 333-337.

Swindal J, 2014. Marx on nature[J]. Frontiers of Philosophy in China, 9(3): 358-369.

Takeuchi Y, Perlin K, 2012. ClayVision: The (elastic) image of the city[C]. Proceedings of the SIGCHI conference on human factors in computing systems: 2411-2420.

Tesch R, 2013. Qualitative Research: Analysis Types and Software[M]. Abingdon: Routledge.

Thomas G, 2011. A typology for the case study in social science following a review of definition, discourse, and structure[J]. Qualitative Inquiry, 17(6): 511-521.

Turner B L, Matson P A, McCarthy J J, et al., 2003. Illustrating the coupled human-environment system for vulnerability analysis: Three case studies[J]. Proceedings of the National Academy of Sciences of the United States of America, 100(14): 8074-8079.

Turner G, 2001. Landscape Ecology in Theory and Practice[M]. New York: Springer.

Turner S J, 2005. Landscape ecology concepts, methods and applications[J]. Landscape Ecology, 20(8): 1031-1033.

Turnhout E, Dewulf A, Hulme M, 2016. What does policy-relevant global environmental knowledge do? The cases of climate and biodiversity[J]. Current Opinion in Environmental Sustainability, 18: 65-72.

Wang Y, Feng Q, Chen L J, et al., 2013. Significance and effect of ecological rehabilitation project in Inland River Basins in Northwest China[J]. Environmental Management, 52: 209-220.

Watts M, 2014. The Philosophy of Heidegger[M]. Abingdon: Routledge.

Whyte I B, Frisby D, 2012. Metropolis Berlin: 1880-1940[M]. California: University of California Press.

Yates F E, 2012. Self-Organizing Systems: The Emergence of Order[M]. Berlin: Springer Science & Business Media.

Yeh T J , Mao D Q, Zha Y Y, et al., 2015. Uniqueness, scale, and resolution issues in groundwater model parameter identification[J]. Water Science and Engineering, 8(3): 175-194.

Zaccaro S J, Horn Z N J, 2003. Leadership theory and practices: Fostering an effective symbiosis[J]. Leadership Quarterly, 14(6): 769-806.

Zaragocin S, Caretta M A, 2021. Cuerpo-territorio: A decolonial feminist geographical method for the study of embodiment[J]. Annals of the American Association of Geographers, 111(5): 1503-1518.

Zeder M A, 2009. The Neolithic macro-(r)evolution: Macroevolutionary theory and the study of culture change[J]. Journal of Archaeological Research, 17(1): 1-63.